U0021628

60/40
溝通法則

全方位口才高手的
聽說與對話技巧

王時成——著

放下執著學溝通

朱志清先生說：「人生不外言、動，除了動就只有言，所謂人情世故，一半是在說話裡。」這句話道出溝通對人生的重要性，一個人從會說話開始，除了睡覺以外，幾乎無時不刻都在與人溝通，話人人會說，但說的好的人不多，溝通人人會溝通，但擅長溝通的人不多。溝通並非把事情說明完成就叫溝通完成，溝通要讓人心悅誠服才叫溝通，所以溝通高手必須深黯為人處事的道理與技巧。「60/40 溝通法則」指出影響溝通成敗因素中，姿態佔百分之六十的比重，其餘口才表達技巧與內容佔百分之四十。溝通能力影響一生的成敗，包括：為人處事、家庭經營、親子關係、職場管理、顧客服務、社會關係。重視溝通、重視別人的力量影響一生成敗。

溝通、溝通、溝通，時時刻刻你我都需要與人溝通，但許多人認為溝通能力是天生的，其實不然，人類並非有口能說話就擅長溝通，「能說話」與「會說話」不一樣，「能溝通」與「會溝通」不一樣，「能」屬於天生官能範圍，「會」屬於後

天技術範圍，許多人能開口講，但辭不達意，缺乏組織力，沒有重點。許多人伶牙俐嘴，滔滔不絕，但不受歡迎，缺乏說服力。溝通學或稱溝通心理學是一門人際交流的學問，它涉及語言學、心理學、行為學、社會學、談判學。

「60/40 溝通法則」提醒大家，溝通能否順利，60% 的影響因素是態度，態度包括外在姿態與內在心態；40% 的影響因素是語言，語言包括口語、非語言、肢體語言。不了解溝通的人，總以為語言表達能力即等於溝通能力，其實不然。溝通是一門綜合性的學問，包含：心理學、語言學、行為學、社會學、邏輯學。

老子在《道德經》中闡述溝通智慧，他主張溝通必須包含善、信、德。善，以理念為王。「善」似現代溝通要素的認知能力，中論的價值觀。信，講究態度至上。「信」似現代溝通要素的社會能力，誠信處事、溫和待人。德，以行為致勝。「德」似現代溝通要素的語言能力，不打妄語，不出惡言，存好心說好話做好事的德行。

本書共分為十二章，循序漸進幫助大家有系統地成為全方位口才高手溝通專家：

第一章、因為「溝通影響一生成敗」，所以大聲呼籲大家重視溝通。

第二章、不要太過隨性說話，避免犯了「溝通容易犯的錯」。

第三章、教你發現「排除溝通存在的障礙」，如何超越溝通的關卡。

第四章、引導你進入溝通學殿堂，培養溝通最關鍵的能力（一）：社會能力。教你如何成為情緒的主人，應付難纏又喜歡講幹話的各色人，培養容易與人相處的心態與能力。

第五章、引導你進入溝通學殿堂，培養溝通最關鍵的能力（二）：語言能力。教你單向表達、雙向溝通、說服、談判、幽默、簡報的技巧。

第六章、引導你進入溝通學殿堂，培養溝通最關鍵的能力（三）：認知能力。教你思想指導、認知作戰的技巧；分享最強說服力與冰山理論、動機式晤談技術。介紹已故知名家庭輔導心理治療師薩提爾首創的冰山理論，從內心引領激發對方願意說出內心話。

第七章、學習溝通中洞察事物的本領，介紹薩提爾老師的對話練習方式與 Miller & Rollnick 的動機式晤談 。

第八章、實務應用：職場溝通力的提升計畫。包含彼得‧杜拉克輔佐上司的溝通技巧，主管對部屬的鼓勵與回應 TRUE 法則，跨領域協調 CLEAR 溝通模式 ，以及豐田式會議溝通七大原則，提高管理績效的強力對話技巧。

第九章、衝突管理 - 溝通力勁升區。針對職場與婚姻衝突提出溝通技巧與解套方法。

第十章、尊重病患的醫療溝通 ，分享「貼心的就醫三問」。

第十一章、與新世代溝通的技巧。XYZ世代孩子不是叛逆，只是想法不同，避免扮演直升機父母，不要使用父母長輩的威權壓抑年輕世代的想法。

第十二章、溝通心靈雞湯，提供大家輕鬆看待問題，智慧地進行溝通。

溝通學是一門綜合性的學問，也是經營成功人生的重要工具。本書涵蓋學理、方法、案例、應用、釋疑等五大內容。易讀、易懂、易學、易用，希望讀者們能藉由溝通技巧的提升、精進，創造人際和諧、職場和諧、家庭和諧、社會和諧。

每一個人都有自己的性格，強烈的自我，無明的堅持，唯有秉持開放的胸襟，包容不同的觀點，才能放下執著與人和諧溝通。自我肯定、自我成長、自我超越，這是邁向溝通高手的三階段目標設定。

知名格言作家王壽來引用波蘭詩人米凱維契對溝通的形容說：「良好溝通猶如人生的美酒，唯有與人分享，才會甜美。」謹此邀請更多重視溝通的讀者一起來共飲這一杯人生美酒，藉由溝通開創快樂、幸福、美滿的成功人生。

王時成
於 2023 年母親節

目錄 CONTENTS

Chapter 1

溝通影響
一生成敗

溝通：成功人生必備能力

溝通的終生價值

1. 宣揚理念

   通過流暢的口語表達能力傳播你的立場、想法、理念、態度、意志力。

2. 了解問題

3. 化解衝突

   通過溝通整合差異，化解矛盾。

4. 實現自我

   藉由說服談判達成設定的目標。

5. 分享利益

   引導溝通雙方各得其利。

爲什麼人只有一張嘴

溝通是創造成功人生的必要能力，從不同時代不同知名專家的論述中可獲得印證：溝通非常、非常、非常重要。人的五官中有兩隻眼睛、兩隻耳朵、兩個鼻孔、兩隻手、兩隻腳，唯獨只有一張嘴，爲什麼？當然這答案並非很科學，只是做爲茶餘飯後聊天的趣味性說法，俗語說：「飯可以隨便吃，話不可以亂說。」是否造物者的旨意是期待人類可以做到謹言慎行，但事實上所有動物也都只有一張嘴，造物者或許認爲一張嘴已經夠你吃夠你喝了，大家都不要過度貪婪，應該存好心、說好話、做好事。珍惜人類的嘴，要多吃有營養的食物，多講有意義的話，少講多聽。

成功與溝通的緊密關聯

史蒂芬・柯維：與成功有約的七個習慣

《時代》（Time）雜誌稱譽史蒂芬・柯維（Stephen R. Covey）爲「人類潛能的導師」，並獲選爲全美二十五位最有影響力的人物之一，在領導理論、家庭與人際關係，個人成功管理等領域享有盛名，他以具體、深入、直接的論述引領生命邁向成功，畢生致力於證明每個人只要方法用對，都能掌握自己的命運成就一生。

史蒂芬‧柯維的著作《高效能人士的七個習慣》（The 7 Habits of Highly Effective People）著作中指導讀者如何均衡地追求成功圓滿人生。這本書全球發行歷經 30 年而不衰，繁體中文版銷售超過四十萬冊。

‧習慣 1：Be Proactive. 主動積極、操之在我。
‧習慣 2：Begin with the end in mind. 以終為始，目標第一。
‧習慣 3：Put First Things First. 要事第一，找到目標與方法。
‧習慣 4：Think Win/Win. 雙贏思維，創造最大價值。
‧習慣 5：Seek First To Understand, Then To Be Understood. 知己知彼，先了解對方，再讓對方了解你。
‧習慣 6：Synergize。統合綜效。
‧習慣 7：Sharpen The Saw. 不斷銳進。

　　上述七個習慣中哪幾個習慣與溝通有緊密關聯？

　　第一個習慣「主動積極」與自我溝通有關，時時提醒自己處事要有遠見，目標要訂得高，要有雄才大略，要培養自己讓自己增加影響力，成敗操之在我，不怨天尤人。第二個習慣「以終為始，要事第一」與自我溝通有關。一生當中做任何事情都要時時提醒自己不要本末倒置，浪費時間在不重要、沒有價值的人或工作之上。第三個習慣「要事第一」與自我溝通有關，人在工作時常會被雜事干擾，必須不斷提醒自己斷、捨、離，莫把時間浪費在不重要的事情上。第四個習慣「雙贏思

維」與內外溝通都有關，一方面提醒自己，二方面與對方溝通，提醒對方「合則同蒙其利，分則同受其害」。第五個習慣「知己知彼」與內外溝通都有關，了解彼此的資源之後，合作共創最大的利益。

史蒂芬・柯維善於宣揚成功學理念，他就是一位最佳的溝通者。

馬斯洛：人類需求金字塔

馬斯洛（一）：人類需求五層金字塔

1943 年心理學家馬斯洛（Abraham Maslow）在著作中，把人類的需求簡化成不同層次，經後人整理、發展出一座 5 階段的馬斯洛「人類五階段需求金字塔」，亦稱「需求層次理論」：

・生理需求：

基本的、生物性的需要獲得滿足（如：空氣、水、吃飽、睡好、性）。

・安全需求：

能在穩定的環境下生活（如：人身安全保障、工作穩定、生活保障）。

・愛與歸屬感：

在群體中感覺到被愛、有歸屬感（如：友情、愛情、好的人

際關係）。

· **尊重需求：**

自我肯定與他人的認可，產生尊嚴（如：被信任、被尊敬、被需要）。

· **自我實現：**

找到屬於自己的定位，能夠發揮自己的潛能和天賦（有存在價值感）。

五大需求的每一項都需要你與周遭的人溝通互動才能實現目標獲得滿足。

（馬斯洛 5 階需求金字塔。圖片來源／Pixabay）

馬斯洛（二）：第六層需求「利他的超越」

　　馬斯洛晚年指出這一套「金字塔需求理論」存在一個盲點，「自我實現」不應該是金字塔的頂端，達到自我實現後，應該還有另一層更高的狀態：超越（transcendence）。所以「超越」應該在人類需求的最頂端，一旦實現第六層次需求，一個人所關注的事物將超越自我為主的需求層次，不再以「個人」為出發點來思考人生的需求，應該就進入「利他」的層次。「利他的超越」在溝通學等同於「換位思考」、「同理心」、「為對方設想」。在金字塔第六層頂端的狀態是什麼呢？馬斯洛認為，「超越」會創造出真正的高峰體驗（peak experience），那是一種「視野無限寬廣的感覺」。當一個人進入高峰體驗，就更容易與外界的人事物融合在一起，比如一對愛侶合而為一、創作者與自己的作品融合為一、母親感覺與自己的孩子視為一體」，人與人相處合而為一，人與周遭環境融洽相處獲得生命的高峰體驗。

　　「利他的超越」是溝通的最佳態度，溝通藝術的至高境界。溝通不只是說話的藝術，溝通是公平的人權，利人利己的處事哲學。

「小滿」的人生態度

　　網路流傳由劉德華旁白的一段勵志小品說：中國古老春夏

秋冬四季中有 24 個節氣，有大暑與小暑，有大寒與小寒，卻只有小滿而無大滿，大滿不符合古人的智慧。小滿這一天，雨水的水量開始增多，江河漸漲，麥穗逐漸飽滿，但並沒有全部飽滿，小滿的狀態令人感覺特別好，小滿被比喻為「一種人生態度」，我們一直在追求完美的人生道路上，但不一定要求十全十美，小滿是一年中最好的節氣，稻穗接近飽滿但未全滿，這種狀態感覺特別的好。往後發展，飽和的稻穗一定低頭，這又是一種美好的人生態度。「小滿」的態度有利於溝通，「低頭」的態度更有利於溝通。

心地好、口德好、命就好

請你相信相命老先生曾經說過的金句：「一個人的命運好不好，從口德就可以判斷出來」，心地不好的人，經常造口業，人際溝通不佳，人際關係不佳，處處批判別人，與人為敵，命怎麼會好？心地善良的人，說話有口德，相由心生，命由心造，眾人喜歡與他為伍，人脈就是錢脈，命當然就好。

法鼓山退居方丈果東法師在《安心祝福語》書中勉勵信眾：「凡事正面解讀，不以負面情緒反應處理，自然少煩少惱」，「要倫理不要論理，要傾訴不要控訴，要慰問不要質問，要報恩不要負恩」。以上每一句都是溝通的智慧。

02

他人之惡，不上我心

正面解讀、包容、感化

溝通三要素中認知能力為重中之重，能否在溝通中反做出正面的解讀，避免雙方出現衝突？優質溝通法則：「他人之惡，不上我心」非常重要，大腦的認知固然重要，心識的認知更為重要，優質溝通必須能做到：正面解讀對方的姿態、語言與想法，甚至對方態度乖張、惡言惡語，想法對立，我都能不以為意，這就進入溝通的最高涵養與境界。「他人之惡，不上我心」聽起來似乎不容易，但有一位法師做到了，令人非常敬佩，她是溝通中情商管理的頂尖高手。一位隨母親上法鼓山參學的北京 9 歲小男生，下山前法師送他一紙袋圖書紀念品，小朋友童言童語忽然指著法師問「妳是男的還是女的？」法師一臉從容拉起小朋友的手，不以為意的說「小菩薩，這些書送你

帶回家做紀念，有空歡迎你再來台灣玩。」溝通要好必須學習法師的「他人之惡，不上我心」，幡動心不動。人生成功者面臨衝突挑戰都應該具備這種能耐。

夫妻溝通亦然，從相愛的兩個人承諾彼此相愛一生一世，結果一人一心、從對立到批判，從敏感到反擊，溝通衝突愈來愈大，從人的衝突、語言衝突、認知衝突，把愛人當成的敵人，最終感嘆這一樁婚姻「真是悔不當初」。其實，以上論述不完全正確，設若婚姻過程所有的溝通衝突皆能正面解讀對方說的話，多一點包容，深入解套，互相感化，加上有一方願意多吃一點虧，夫妻絕對可以恩愛一世。與愛批評、愛諷刺人的溝通，更需要鍛鍊「他人之惡，不上我心」。

性格很重要

溝通三要素當中，到底哪一個要素最重要？結論是：三個都很重要。

人的性格影響口才表達內容，影響看問題的態度與認知，聽聽股神巴菲特（Warren Edward Buffett）怎麼說，他說：「人，聰明才智其實差不多；重要的是，你能不能把你要做的目標，化身成為你每天做它的習慣。」巴菲特又說：「人的成功不靠智商，而是靠性格。」溝通也是一樣，好鬥要狠、不服輸、負面心態、心直口快的性格不利於溝通。

心態影響行爲

　　學生向美國著名的心理學家埃里希・弗羅姆（Erich Fromm）請教：「心態」對一個人會產生什麼樣的影響？弗羅姆微微一笑，一句話也沒對學生說，直接把他們帶到一間黑暗的房子裡。在他的引導下，學生們很快就穿過了這間伸手不見五指的神秘房間。接著，弗羅姆打開房間裡的小燈，這盞燈暗淡昏黃，光線不足，在屋子裡適應一陣子後，學生們才能稍微辨識屋子裡的東西。等學生們看清楚房間的周遭後，不禁嚇出了一身冷汗。竟然屋子底下是一座既深又大的水池，水池裡不僅游動著幾條張著血盆大口的大鱷魚，還有多條毒蛇，有的毒蛇正昂著頭朝學生「嘶嘶」地吐著舌信！

　　「我們剛才是怎麼過來的？」學生們驚魂未定地問。原來，在這座水池的上方有一座窄窄的獨木橋，他們剛才就是從這座獨木橋上走過來的。學生們互相對視，手撫著胸口感受到一身涼意。

　　一會兒，弗羅姆問：「誰願意再一次走過這座橋？」大家的心一下子又都縮緊了，有的學生臉色都嚇白了，幾乎沒有一個人敢作聲。過了好一會兒，終於有三個學生勇敢地站出來，但是他們三位走獨木橋時，幾乎是手腳發軟地半走半爬才能走過去。

　　「啪」一聲，弗羅姆接著打開房間裡的另外幾盞燈，強烈

的燈光一下子把整個房間照亮的如同白晝一般。學生們張大眼睛仔細看，原來在小木橋的下方裝著一層透明的玻璃地板，剛才因為光線暗淡，他們無法分辨出來。「原來老師是在考驗我們。」同學們不禁放鬆地笑了。

弗羅姆又問：「現在，誰願意通過這座小橋？」同學們相視一笑，一個個爭先恐後地通過了小橋。「你們不是問什麼叫『心態』嗎？現在我已經告訴你們了。」弗羅姆笑著說：「這座橋本來不難走，但是橋下的鱷魚、毒蛇對你們造成了心理威懾，於是你們就失去了平靜的心與安全感，手腳慌亂而膽怯，由此可證，『心態』對於一個人來說多麼重要。『心態』來自對問題的認知，你認為溝通是困難的，溝通果真很困難，你認為溝通是容易的，溝通果然變的比較容易。」

一位哲人說：「你的心態就是你真正的主人。」另外一位偉人說：「要嘛你去駕馭生命，要嘛是生命駕馭你。你的心態決定誰是坐騎，誰是騎師。」

同理類推，影響溝通成敗因素中，心態、姿態高佔60%，語言能力只佔40%，其理由是：姿態過高、自視過高，人不被對方接受，口才再好也無法使溝通暢順。因此溝通時，先要展現正面的心態與善意的姿態。

03

形式、功能、風格

語言的三個層次

賀伯・賽門（Herbert A. Simon, 1979）提出一套溝通能力的模組，他主張語言有三個層次：形式、功能和風格。

· 形式面：運用生動而精準的修辭，複雜多元的句型結構。

· 功能面：精準傳達對話的主題，使用能夠表達想法，被認可及認知的詞彙。

· 風格面：尊重對方的需求與期望，溝通過程展現流暢的語言與應對節奏。

O'Brien（1973）和 Spencer（1970）則提倡思想力的重要性，主張溝通必須具備豐富的內涵，應該言之有物、見解獨到。

Spencer 認為思想帶動語言。

認知影響你的語言

　　O'Brien 對思想力做出進一步說明，他認為說話者的認知和知覺，深受文化、語言及溝通媒介的影響，這一點 O'Brien 與薩提爾的冰山理論互相呼應，溝通的確需要掌握對方的性格、文化、價值觀、習性、感受、語言文化……再予以回應，如此才不至於產生溝通斷層，各說各話的不良現象。

　　溝通是一門綜合學問，它涉及社會學、行為學（社會能力）、語言學（語言能力）、心理學（認知能力）。社會能力指的是容易與人相處的能力，必須培養調適力、包容力、公關力。語言能力指的是表達能力，話人人會講，但講得好的人並不多，美言一句三冬暖，惡語一言六月寒，說錯話得罪人，講不清楚說不明白無法被人了解，這些都是需要強化的語言能力。認知能力指的是對問題的看法、觀點，雙方有歧見時，是否有整合能力，有思想指導能力，有說服能力？落實良好溝通並非一件簡單的事。

說話的規則與模式

HP Grice（1975）：演說的技巧（Speech acts）

　　倫敦大學葛理斯教授在他的著作《演說的技巧》（Speech acts）書中強調「Logic and Conversation」的關聯性。葛理斯

教授認為，在溝通時說話者和聽話者之間存在四項規則和一些附屬的小規則。以下就是他所提的規則與模式：

・量化：**1.** 說話必須有內容（必須兼顧說話內容的質與量）。

　　　　2. 說話的內容不超過說話者的負擔及聽話者的需求。

・質化：**1.** 不說你不相信的話。

　　　　2. 不說沒有證據，缺乏邏輯的話。

・關聯：表達內容必須和主題息息相關，環環相扣。

・方式：**1.** 避免含糊帶過。

　　　　2. 避免多重意義、過度複雜。

　　　　3. 可信度高。

　　　　4. 有規律的說，結構分明。

語言的特性

Halliday（1975）：**精確的表達「Learning to mean」**

　　Halliday 闡述溝通中語言的功能，他說：

・語言是工具：語言可幫助人們得到他們想要的東西。

・語言具調整功能：語言可以控制及指導行為。

・語言是相互的：語言用來和周圍的人溝通。

・語言是個人的：語言用來表達個人的意識。

・語言是啟發的：語言可以說明各種理由。

・語言是想像的：語言可以創造自我的天地。

‧語言是訊息的傳達：語言可以說明某些事物的功能。

溝通語言是社會的產物，每一個人類社會必然發展出一套屬於自己的語言，而且所有的人類也都在自己的社會文化下學習語言與溝通。

04

溝通怎麼進行的

溝通的雙向歷程

第一部分：傳達與接收。甲方為表達者，乙方為聆聽者。

第二部分：回應與接收。乙方為表達者，甲方為聆聽者。

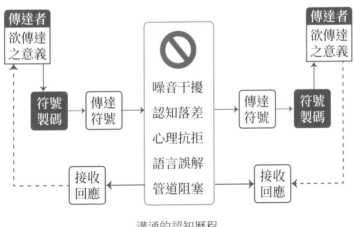

溝通的認知歷程

溝通是信息的傳遞過程，語言是一種符號，雙方有可能解讀不一樣，也可能出現說者無心聽者有意的狀態，溝通過程干擾的因素包括：噪音干擾、認知落差、心理抗拒、語言誤解、管道阻塞、專業不足……等。

為了使溝通能夠順利達成目的，掌控溝通認知歷程的每一個環節變得很重要。傳達者的態度與語言表達方式必須讓接收者心悅誠服地接受，若出現心理抗拒、不願意回覆、或出現爭執卽算溝通挫折或失敗，溝通過程要特別注意各項干擾因素。

循序漸進地溝通

【溝通技巧】

信	尊	理	同	接	包	妥	讓	融	協
任	重	解	理	受	容	協	步	合	議

→

共好溝通是這樣子完成的

溝通能力由社會能力、語言能力、認知能力等三項能力構成，循序漸進的溝通流程交叉運用了這三項能力：

· 步驟一：先建立互相信任的關係（社會能力、語言能力）

- 步驟二：表達互相尊重的態度（社會能力、語言能力）
- 步驟三：互相理解彼此的立場、想法、目標（社會能力、語言能力）
- 步驟四：展現同理心，互相換位思考（社會能力、認知能力）
- 步驟五：從理解產生諒解，從同理心產生接受（社會能力、認知能力）
- 步驟六：互相包容對方的立場、價值觀、利益（社會能力、認知能力）
- 步驟七：運用納許均衡理論追求團體的最大利益（社會能力、認知能力）
- 步驟八：運用分配式談判，引導合作（語言能力、認知能力）
- 步驟九：採取正、反、合促進雙方利益極大化（語言能力、認知能力）
- 步驟十：訂定協議（語言能力、認知能力）

溝通型態創造不同效果

亞歷山卓（Hunsaker and Alessandra, 1980）將溝通者的型態分成四種，不同的溝通者型態製造不同的溝通氛圍與效果。

善於表達型

這類型的人，非常擅長自我表達，經常是有問必答，談笑風生，神采自若，一開口容易吸引聽眾的注意力。這一類溝通者的個性比較直爽，不拘小節，話題寬廣，思考敏捷，反應快速，隨著話題延伸可以無所不談，缺點是容易把話題扯遠，話太多。

溫文爾雅型

這類型的人，說話慢條斯理，有條不紊。如果提出問題，他們不見得會跟你有問有答，有時候會慢慢吞吞的回答，用辭謹慎斯斯文文的回應。這一型的人做事不會衝動，對任何事情都採取溫和態度來處理，他與能言善道、心直口快的人有所不同，缺點是他的斯文使溝通節奏變的很慢，因為他說話不想得罪人，因此有時候你必須花時間猜測他的真正想法。

冷靜分析型

這類型的人，做事情有條有理，大腦的邏輯思考能力很強，所以對每一種問題都研究的相當深入，很有耐性且具研究精神，喜歡追根究柢，一定要把問題的癥結追究的一清二楚，因此與這種人溝通必須準備接受他的連珠炮式的追問。缺點是他的為人處事比較一板一眼，凡事講究原則，討論事情雖然有條有理、中規中矩，但比較無趣。

努力不懈型

這類型的人，默默苦幹，討論事情時比較不喜歡分析，他認為有事情做就對了，溝通時相對沉默寡言，不愛張揚，默默地工作。溝通時必須鼓勵他發言，但回應內容非常簡短，這一類型沉默寡言，但做決策時還是要尊重他的意見。

吞吞吐吐型

這種人有話不敢直說，第一種是為人客氣，該講話的時候仍然不好意思表達內心的想法。第二種是膽識不足，畏於說出口，擔心說錯話。第三種情形是缺乏主張，沒有主見，所以講話唯唯諾諾、吞吞吐吐。在不重要的溝通場合，運用選擇法讓對方擇一回答，逐步培養對方回話的信心。在重要的場合，提供回答的提綱，具體指明表達的重點，將可提升吞吞吐吐型的表達能力。

Chapter 2

溝通容易
犯的錯

01

你有這些缺點嗎？

―――――――

溝通的形態

溝通就形式分：兩人溝通、團體溝通。

溝通就情境分：家庭溝通、社會溝通、公司溝通、商務溝通、政治溝通。

溝通就功能分：會議討論、簡報、視訊會議、銷售溝通、採購溝通、跨部門協商溝通。

溝通就工具分：口語溝通、文字溝通、電話溝通、手機社群溝通。

容易出現的缺點

·話太多；自吹自擂；喜歡佔版；沒完沒了；自以爲是；過度

主觀；堅持己見。

· 壓迫別人；喜歡搶話；不願服輸；態度傲慢；過度自我；井蛙之見。

· 講不清楚；詞不達意；喜歡搶話；缺乏組織力；缺乏邏輯；空洞沒有內容。

· 缺乏溝通禮儀；誤解人意；在外高 EQ 回家低 EQ。

· 太快下結論；說話太直白；有心病；把情緒發洩到別人身上。

· 過度情緒化；說話缺乏依據；假設對方應該知道。

這一輩子，你誤解了多少人

接到手術電話後，醫生以最快的速度趕到醫院，並換上手術服。男孩的父親失控的喊道：你怎麼這麼晚才來？你難道不知道我兒子正處在危險中嗎？你怎麼一點責任心都沒有！醫生冷靜地說：很抱歉！剛剛我不在醫院，接到電話就馬上趕來了。請你冷靜一下！

男孩的父親說：冷靜？如果手術室躺的是你的兒子，你能冷靜嗎？如果現在你的兒子過世了，你會怎麼樣？醫生還是維持冷靜的回答說：我會默誦聖經上的一句話「我們從塵土中來，也都歸於塵土。」我會如此祈禱。男孩的父親憤憤地說：「當一個人對別人的生死漠不關心時，才會這樣說。」

幾個小時之後，手術順利完成，醫生面露微笑從手術室走出來，對孩子的父親說：「謝天謝地你的兒子得救了！」還沒有等到男孩的父親答話，便匆匆離去，並說：「如果有問題，你可以問護理師。」男孩的父親說：「他怎麼如此傲慢？連我想問問兒子的情況，他都等不了嗎？」

　　護理師的眼淚一下子就流出來了！護理師說：「醫生的兒子在交通事故中不幸身亡了，我們叫他來為你的兒子做手術的時候，他正在趕去……。」

　　一般人溝通都從自己的角度出發看問題，無法了解對方正處於何種情境，主觀角度看到的可能只是問題的表象而已。找時間靜下來思考，這一輩子你誤會了多少人？

02

聽故事學溝通

有心病的溝通

老彭與老黃是二十年的老友，最近因為某些合作細節搞得彼此不愉快。老彭帶著好酒與下酒菜來老黃的公寓準備陪不是。

老彭：老黃！開門！我帶你愛喝的老酒跟酒菜來啦！咱們好好的喝一杯！

老黃：不開門！我也不喝！

老彭：怎麼啦！開門啦！

老黃：不開！我生病了！

老彭：生病應該看醫生啊？開門我帶你去看醫生！

老黃：不看！我得的病是犯賤病！

老彭：老黃！別那麼小心眼！事情過去就算了！別往心裡去！

老黃：對你來講是小事，對我來說是大事，你總是從自己的角度看問題。

智者的溝通

一位青年滿懷煩惱去找一位智者，他大學畢業後，曾豪情萬丈地為自己樹立許多目標，可是幾年下來依然一事無成。他找到智者時，智者正在河邊小屋讀書。智者微笑著聽完青年的傾訴，對他說：來！你先幫我燒一壺開水！青年看見牆角放著一把極大的水壺，旁邊是一個小火灶，可是沒發現柴火，於是便出去找。他在外面拾了一些枯枝回來，裝滿一壺水，放在灶台上，在灶內放了一些柴便燒了起來，可是由於壺太大，那捆柴燒盡了，水也沒開。於是他跑出去繼續找柴，回來的時候，那壺水已經涼的差不多了。

智者問他：如果沒有足夠的柴，你該怎樣把水燒開？

青年想了一會兒，搖了搖頭。

智者說：如果那樣，就把壺裡的水倒掉一些。

青年若有所思地點了點頭。

智者接著說：你一開始躊躇滿志，樹立了太多的目標，就像這個大水壺裝了太多水一樣，而你又沒有足夠的柴，所以不能把水燒開，想要把水燒開，你應該倒出一些水，或者先去準備柴。

青年恍然大悟。回去後，他把計畫中所列的目標去掉了許

多，只留下最優先且重要的幾個，同時利用業餘時間學習各種專業知識。幾年後，他的目標基本上都實現了。

雞同鴨講

麥克走進餐館，點了一份湯，服務員馬上爲他端上來。服務員才剛走開，麥克馬上就說：「對不起，這碗湯我沒辦法喝。」服務員重新給他上了一碗湯，他還是說：「對不起，這碗湯我沒辦法喝。」服務員只好把經理請來。經理畢恭畢敬地向麥克點點頭說：「先生，這道湯是本店最拿手的，深受顧客歡迎，難道您……」麥克回答：「我是說，調羹在哪裡呢？」

提示：聽清楚對方的真正意思，避免慣性思考、慣性反應，說話者也應該做出精準的表達。

百口莫辯

夫人對建築師說每當火車經過時，她的床舖就會搖動。「這簡直是無稽之談！」建築師難以認同這樣的說法。「我去現場看看。」建築師到達後，夫人建議他躺在床上親自體驗，證明她所言非假。建築師剛上床躺下，夫人的丈夫剛好回來了。他見此情形，便厲聲問道：「你躺在我妻子的床上幹什麼？」建築師戰戰兢兢地回答：「我說是在等火車經過，你會相信嗎？」

了解身份再說話

業務代表、行政職員和經理一起走在路上去吃午餐，意外發現一個古董油燈，他們摩擦油燈，一個精靈從一團煙霧中迸了出來。

精靈說：我通常都給別人三個願望，所以給你們每一個人一個願望。

我先！我先！職員搶著說：

「我要到巴哈馬開著遊艇，自在逍遙！」

噗！他消失了！

換我！換我！業務代表說：

「我要在夏威夷和按摩女郎躺在沙灘上，享受生命之愛！」

噗！他也消失了！

「好了！現在該你了。」精靈對經理說。

經理說：

「我只希望他們兩個立刻回到辦公室。」

避免無心之過

　　《活在當下》（Here Today）影片中，一對朋友住進湖邊別墅度假，新認識女友 Kelly 在儲藏室發現一幅描繪湖邊美景的油畫，她非常喜歡，建議掛到牆上美化客廳，屋主男友 Brown 表示反對，Kelly 不解地與男友解釋了半天，男友 Brown 最後不得已說出那一幅畫是前妻在他 40 歲時購買湖邊這間別墅給他的傷心往事，看見這一幅畫會勾起 Brown 的心痛回憶，Kelly 理解後放棄掛畫的堅持，同時向 Brown 致歉。

　　提示：一廂情願以為是為對方好，卻可能踩到別人的痛處而不自知，溝通要謹慎。

攝影棚的對話

　　女模：我人不舒服，不想繼續拍片了！

　　導演：租棚費用、包括所有員工的費用，還有設備，還有妳的酬勞，我們都已經給妳了。妳想取消拍片，行啊！那按合約照價賠償吧！

　　女模：我跟你說身體不舒服是給你面子。你要跟我撕破臉嗎？

　　導演：妳怎麼給我面子了？是我們沒付妳錢嗎？還是我們租的這個棚，配不上妳這大模特兒啊？

　　女模：是！我是想給老同學面子，可是老同學拍的東西，

我不滿意啊!

導演:這些都是品質很好的片子啊!妳不滿意?那妳就只能怪自己長了張不上相的臉。

女攝影師:妳對我有什麼不滿意的地方?我們在等一下的拍攝當中,可以好好地慢慢磨合。

女模:我叫黃瑩,慢慢磨合的話,我恐怕沒有這個時間。我不想浪費時間,我沒有記錯的話,妳是化學系的小章吧?那就對啦!德凱,你為什麼找這麼一位不專業的攝影師來拍我?

女攝影師:我在國外有學過攝影。

女模:國外啊?國外的許多經歷都是可以騙人的啊!

導演:妳就是脾氣再壞也得有個限度啊!她是我們雜誌社正式聘用的攝影師,妳不能進行人身攻擊!

女攝影師:這樣吧!我們再另外約時間。

女模:小章,我如果沒有記錯的話,明天下午好像有一個拍攝,要嘛,就挪到今天下午。這樣的話,租的這個棚也不會浪費掉。

導演:不行!客戶催片催得緊,周末之前至少必須得把封面拍出來。

女模:周末之前我們好像沒有時間吧!

導演:黃瑩!妳存心找碴是吧!我們就拿合約出來看看!這合約上可是明確規定了拍攝時間的期限。

女模:我說了不拍,我絕對不拍。還有,如果妳再敢對我

動手動腳，我就告妳非禮！

提示：心有千千結，很難平靜地溝通。

兩個好人爲什麼沒有好婚姻

根據統計分析，美國離婚率 3.3%，中國大陸 2.8%，台灣 2.3%。

根據中時新聞網 2022 年 7 月 23 日報導，2022 年平均每日破百對離婚，創 10 年來新高。兩個好人爲什麼沒有好婚姻，大多數因爲性格問題、信仰問題、價值觀問題、語言衝突……這些問題通過通曉溝通三要素，大多數都可以獲得解決。

提示：婚姻的組合是來自兩個不同家庭生活環境、不同家庭文化、不同經濟水平，不同消費習慣，唯有善用溝通才能包容差異，統一認知，和諧相處。缺乏溝通，自以爲是的付出，一切努力都將變成白費力氣。

03

如何避免一再犯錯

掃除你的心魔

溝通是複雜的，但一般人總以為溝通就是兩個人或一群人在對話而已嘛！溝通良好需要以下幾個項目能契合：

關係不佳產生的心魔

人際溝通要建立在信任與親近的關係上，若彼此不信任、不親近，溝通起來，翻臉像翻書，容易起爭端，不熟稔容易出現溝通的隔閡。

不服輸產生的心魔

一般人不把溝通當溝通，他們把溝通當成面子之爭，我的意見一旦不被你接受，那表示我輸了，我將感到顏面無光，

這是溝通心魔產生的原因之一。學溝通應該就事論事，人事分離，不要扯上面子問題。

愛批判產生的心魔

想法不同才需要溝通，因此平等對待、互相尊重、聆聽對方的聲音乃溝通最重要的法則，但有些人喜歡從對立面批判別人的意見，從而突顯自己的重要性，這是溝通心魔。

愛挑剔產生的心魔

明明對方的意見已經相當圓滿，但有些人就是喜歡從雞蛋裡面挑骨頭，造成彼此不愉快。天底下沒有一件事情是完美的，不需要挑剔的地方不挑剔才是「會做人又會做事」。若真需要你補足對方的缺點，也應該避免使用挑剔的態度說話。在現在 Line 群組中經常出現爭吵現象，主因來自有人愛挑剔，結果變成互相挑戰的結果。

故意扭曲原意的心魔

因為彼此看不順眼，說話者酸溜溜，故意扭曲原意的現象也常出現在溝通之中。因人廢言，並非好現象，故意扭曲原意或聽而不聞，都是心魔在作祟。

錦囊秘笈

提高 EQ 的數秒法

聽到逆耳之言，先沉住氣，在心裡面從 1 數默數到 30，等內心平靜後再回應對方。家庭、社區、公司、社會碰到不講理的人、霸氣的人、自以為是的人、自認蓋世無雙、自認富甲一方的人、自以為學富五車的人……太多了，多過過江之鯽，所以溝通隨時代的變遷，愈來愈不容易。提高 EQ 是避免衝突或犯錯的錦囊秘笈。

淨空法師談溝通的忌諱

淨空法師說我們與人相處，言語態度很容易惹禍，一不小心，就會得罪人，所以我們要曉得忌諱。什麼叫忌諱？人所避忌而諱言者也。譬如你有秘密，不要讓人知道；或者不幸之事，你不願意提到，我們就不說，這就是忌諱。人家忌諱的，我們要知道，在他面前不能說！從前我們跟李老師學講經，李老師就常常提醒我們，聽眾當中如果有殘障人士在聽經，經上講到「盲聾瘖啞」，念一下就算了，就不要再說了，為什麼？說了，就好像是說他，造成他難過。別人有忌諱，我們要曉得，免得在言行當中惱害他人，招惹人家的嫉妒瞋恨，變成了冤仇，所以佛教告誡我們要持戒、要修德。真正持戒、修德之人，有戒有德，他沒有忌諱。可是你要曉得，現在人的心量很

小，你不懂得忌諱，言語得罪人，態度得罪人，跟人結了怨仇，這就錯了！

溝通避免犯錯：持戒修德

‧存好心、說好話、做好事。

‧不要使用對方忌諱的詞彙、用語。

‧避免誤聽、誤判、快嘴而造成話收不回來的困境，無意間已經得罪人了。

‧不要講擦邊球的話，避免造成「說者無心，聽者有意」的不好結果。

‧不清楚對方的意思，向對方澄清眞正的含意，避免彼此出現誤會。

‧不要含沙射影，不要曲解對方的意思。

‧陳述時必須符合邏輯。

‧不要出現語言霸凌。

‧避免說出對方不喜歡聽的話。

‧避免說出傷害對方尊嚴的話。

‧避免態度強勢踩到對方的紅線。

‧避免口無遮攔，說話過度直白。

‧不要對人有過度的期待。

‧對方無法配合時，不要反擊或奚落對方，更不可以仇視對方。

‧不要要求對方跟你的想法一模一樣

- 就事論事，說話不要傷害對方的面子。
- 改變對方的想法，要採漸進式，逐步讓對方接受。
- 交淺不言深。
- 公共場合避免談論政治話題。
- 現代溝通特別要注意性平法。
- 客氣地質疑，避免隱藏猜疑。
- 「溝通雙善」避免溝通犯錯：善意解釋、善解人意。
- 態度第一、語言第二。
- 除非必要，溝通應避免實問虛答，實問虛答的姿態會引人反感。
- 避免捨本逐末，避免「在不重要的問題上追根究柢」。
- 避免講幹話，推卸責任。
- 溝通是溝通，談判是談判，避免錯將溝通當成談判。

Chapter 3

排除溝通
存在的障礙

溝通障礙是怎麼一回事

語言病理學家的見解

這世上沒有一個人沒有溝通障礙，每一個人多多少少都存在溝通障礙，只是溝通障礙的型態不一樣，程度深淺不同而已。包括幼兒、成年人、老年人、男性、女性都有不同的溝通障礙。溝通障礙的型態繁多，原因也很複雜，最簡單的定義，引用美國語言病理學家察里斯 - 李柏 Charles Van Riper《Speech Correction》（1939）書中所述：

1. 一個人說出來的話別人聽不懂，他可能就有溝通障礙。
2. 一個人說出來的話，因爲有些地方跟旁人不同，而引起別人的注意，這也可能造成溝通障礙。
3. 一個人用語言溝通時，感覺很不舒服，好像自己有什麼不對勁，這可能是溝通障礙。

看到語言病理學家的說明，「無」則嘉勉，「有」也不用擔心，溝通障礙是可以排除的。

溝通的七種障礙

· 官能性的障礙：聽力不好時，溝通前事先向發話者說明，請對方加大音量，講話慢一點。不要把聽力不好當成病態。

· 環境的障礙：環境不適合溝通時，務必設法排除干擾因素，包括：環境吵雜，忽然介入的其他工作或電話。

· 心理的障礙：個性保守、膽識不足、不敢說話、怕說不好、怕沒人搭理。

· 態度的障礙：看問題回答問題總是選擇負面的認知，無法取得別人肯定。

· 認知的障礙：個人喜歡特立獨行，喜歡挑戰別人，認知能力不強。

· 關係的障礙：無法海納百川，到處排斥他人，人設不佳，關係不良。

· 技術的障礙：表達不完整，缺乏邏輯性，聆聽能力有問題。

這張示意圖，標示說話者（speaker）的發訊障礙與聆聽者（listener）的收訊障礙，任何一方出現障礙都將影響溝通的準確度。

發訊者（表達者）的障礙	收訊者（聆聽者）的障礙
· 講不清楚	· 不想聽
· 不願意講清楚	· 聽不懂
· 用詞不當	· 假裝聽懂
· 態度不對	· 心不在焉
· 時機不對	· 有外來干擾
· 說話有成見	· 抗拒心理
	· 不認同

02

想辦法跨越溝通障礙

勇於面對問題

面對它、接受它、處理它、放下它

　　人生不可能沒有問題，而且問題還層出不窮，問題延宕處理，風險會更大。人際關係與人際溝通皆存在許多問題，不處理問題，問題會把你處理掉。法鼓山聖嚴法師開示「解決問題有四它」：面對它、接受它、處理它、放下它。應用在處理溝通障礙時，首先要有勇氣面對各種溝通障礙，其次要能接受有障礙是正常的，接受後才能理解，理解後才能找出對策，最後終能讓溝通障礙消弭無蹤，放下煩惱。

跨越障礙的心法

用問句拉回對方的注意力

　　若對方心不在焉沒有專心在聽你說話，你察覺後要勇於問他「剛才我說了什麼？」拉回對方的專注力。也可以問他「你對我剛才說的話，是不是沒有興趣？或是認為不重要？」未能拉回對方的專注力，建議你停止與對方溝通，避免浪費時間。

仔細檢視雙方的關係

　　一邊溝通一邊檢視雙方關係是否友善，對話是否融洽。若關係不夠密切，應該轉換話題先改善雙邊關係再繼續討論事情。

有無為對方的立場設想

　　溝通要說尊重對方立場的話，提高對方的接受度，如此可消除對立的障礙。

引導對方產生動機與興趣

　　選擇話題刺激對方產生溝通動機與興趣，避免溝通不良。

顧及對方的需求與利益

　　溝通不能一廂情願自顧自的表達，必須顧及對方的需求與利益才能拉高對方參與討論的興致。

超越各說各話的障礙

　　避免各說各話，莫衷一是。「所羅門王的審判」出自聖經列王紀上第 3 章第 16-28 節，經中記載 2 位母親帶著一名男嬰來到所羅門王面前，她們各自辯稱男嬰爲她所生。所羅門王思索了一下，吩咐拿刀來，他宣佈一個公平的解決方案「將活著的男嬰劈成兩半，每一位母親各得一半」。聽到這個可怕的裁決，男嬰眞正的母親喊道：「王啊，請將孩子判給那婦人吧，絕不可以殺孩子！」

　　那位說謊者出於嫉妒說：「這孩子既不能歸我又不能歸你，把他給劈了吧！」聽完兩位母親的各自說法，所羅門王立即將嬰兒判給眞正的母親，因爲眞正母親出於本能保護自己生的孩子不能同意孩子被劈成兩半，無動於衷的說謊者則沒有愛心同意一人一半，證明她不是孩子眞正的母親。當溝通出現各說各話時，最好設計智慧的方法考驗哪一方說的才是對的，避免難於分辨是非對錯。

名人輕鬆跨越障礙

　　林清玄先生在《身心安頓》書中提出幾則跳脫人生障礙的認知，雖然他講的是跨越人生障礙，但溝通障礙必須先在心中與腦裡消除執著與迷妄？以下標題是作家林清玄的體悟，本書將它與消除溝通障礙予以連結應用。

- 認識人生的無常

  體悟生命的究竟，溝通在爭什麼？在計較什麼？人生無常，放下才能提起，心智悟透，溝通即無障礙。

- 看清生命的痛苦

  觀見生命苦的人，才能穿越溝通中有形與無形的障礙。溝通應該用來幫助生命離苦得樂，而不是互相推入痛苦的深淵。

- 體驗人身的難得

  認知今生的難得，才能夠在溝通中珍惜自己也珍惜對方。

- 相信因果的真實

  香水灑在別人身上，自己聞起來也會香。對人說好話，看別人高興，自己也高興。種瓜得瓜，種豆得豆，因中有果，果中有因，屢試不爽，不要不信因果。溝通中你善待對方一分，對方也會回報你一分。

- 保持超越的心

  不要跟溝通對方較勁，肯定自己、超越自己很重要，讓自己大氣起來，說話的格局自然不同。

- 產生平等的心

  用平等心溝通才能用心傾聽對方的聲音，尊重對方不同的想法。

網路測驗：你有無溝通障礙

了解你在言語之外的溝通能力與障礙

在溝通障礙測試（http：//mirrorz.jp/article/comu-type/）網站上可以簡單地測驗你擁有哪種類型的溝通障礙。在 10 個問題中，每一題都有 4 個選項，請在這 4 個選項中選擇最接近你的想法的答案。除了言語能力之外，還可以透過表情、音調、動作、態度等等來推測對方的心情。這個測驗能測試除了語言能力之外的溝通能力，測驗出來的結果也能成爲自己改善或提升溝通能力的參考。

從測驗結果告訴你克服的方法

在溝通障礙診斷（http：//comyusyo.nerim.info/check.html），分成對話篇與社會篇，選擇最符合你的情況，測驗的結果則會解釋你是屬於哪一種溝通障礙。介紹你克服溝通障礙的方式（例如：像是在握手、就醫、參加派對時的行動），此外更讓你模擬體驗如何面對這些場合。

社會能力出現障礙的 4 種言行

笨拙、對任何事物都不關心、不信任他人、自閉，在溝通測試（http：//www5.big.or.jp/~seraph/zero/discomm.cgi）中它會告訴你在這 4 種溝通障礙的類型裡，你比較偏向哪一種。測驗

結果會以圖表的方式說明你屬於哪種類型溝通障礙。超越社會能力障礙的最好方法是勇於面對自己，勇於走入人群，練習適應各種典型的人，練習開口講話，逐步加入團體行動。

改變不適當的態度

「60/40 溝通法則」強調佔溝通成敗 60% 的因素是態度，態度要避免趾高氣昂、搶話、講幹話、專斷、獨斷，一意孤行，缺乏尊重與雙向互動。

容許多元觀點的存在，包容異見，尊重不同立場的不同觀點，聽到與自己不一樣的想法，不要直接批判，避免嫉惡如仇把對方當成眼中釘。認知偏差、心中一把火如何溝通？

培養耐性與風度，對外來的言行刺激，反應稍為緩慢一點，面對溝通中言語刺激，練習不要立即做出激烈反應，溝通不需要太聰明，需要的是胸有成竹老神在在的從容與智慧。

認知每個人都有他性格上的優點與缺點，包括自己在內、加強彼此包容。

愛面子與競爭心理是溝通的大敵，這兩種心理容易造成溝通出現防禦心理，卸除面子掛不住的心態，要牢記討論事情的法則：「對事不對人。」

跟有成見的人溝通，不要想立即說服對方，成見來自本身偏頗的立場、根深蒂固的認知、隱藏的私人利益、特殊的目

的，改變成見是高度困難的事，因為他會堅持自己的看法是對的，否則就不叫成見。與對方和平相處，不要在不需要爭辯的地方與他爭辯，需要爭辯時，用實證、客觀科學統計資料駁倒他的偏見，但要保留他的面子。固著的想法、固著的心態、固著的行為使人無法創新突破，但對方若甘之如飴，能溝通就溝通，不能溝通就放棄。

如何跟不對盤的人溝通

與關係不好的人溝通

有關係用關係，沒關係找關係，跟關係不好的人溝通，怎麼進行比較妥當？

找他溝通時，維持「人事分離」的心態，不卑不亢，禮貌地與對方就事論事討論問題，關係未改善前，不需要特別與對方拉攏關係；若需要製造融洽的溝通氣氛，可以邀請與雙邊關係良好的第三者參與討論。

與喜歡含沙射影不懷好意的人溝通

當對方冷言冷語、含沙射影不懷好意，你必須及時要求對方終止缺乏證據的言論行避免情況惡化，同時嚴正呼籲對方回歸理性討論問題，不要再犯。

與愛辯論的人溝通

溝通是和諧、溫和的表達與交流，愛辯論者常在別人還沒有講完時插話說「你聽我講，事情不是這樣的。」愛辯論者希望壓制對方，所以好辯。與這種人溝通，建議採用「抓大放小」策略，不需要辯的地方，讓他，免得浪費你太多時間；遇到重要問題需要說清楚的地方，再與他好好辯論一番。

與悲觀負面的人溝通

與這種人溝通，他會說「講也沒有用啦！」有機會開口說話時，盡是一些悲觀負面的話，跟灰色人生者溝通，直接跟他談你要溝通的事，不要理會他的灰色態度、情緒、語言，因為你愈勸他，他會愈表現負面讓你看。

與拒絕推託的人溝通

一位女菩薩提出問題，她說她的婆婆不論她如何好意待她，婆婆都會拒絕或是推託。譬如她切好一盤水果請婆婆吃，婆婆總是說不用妳切，我自己會切，經過三邀四請之後，她才會勉為其難的吃一點。她說這樣的日子真難過。與這種性格的人溝通，最好是安排她願意接受的人跟她溝通，例如：她的兒子、孫子、孫女。當事人既然是佛門弟子就逆來順受當成修行的善緣。

與任性不負責任的人溝通

這種人不是白目就是活在象牙塔的人，他說話不顧別人的感受，口無遮攔、我行我素，也不奉守社交禮儀。了解對方是這類人後，就不會還沒開始說，就先被激怒。

與小心眼的人溝通

每句話都要斤斤計較，常常懷疑別人，溝通中不小心傷到他，他一定會利用機會向你報復。溝通前先做一番澄清「我說的話絕對沒有任何影射或惡意，請不要太敏感或過度解釋。」醜話講前面是避禍的最佳方法。

與愛鑽牛角尖的人溝通

遇到什麼事情一定要跟你弄清楚才願意善罷甘休的人，偏偏他又是會鑽牛角尖的人，你怎麼處理？這種人也經常會問一些「打破砂鍋問到底，還問砂鍋在哪裡？」的問題。遇到想法偏離事實又愛鑽牛角尖的人，建議你提供他找出解答的網站，讓他自己尋找答案。與他糾纏將浪費你很多時間。

與愛耍威權的人溝通

與這種人溝通，不需要討論如何跨越障礙，直接讓他高談闊論就好。我們不講話，沒有人會說我們是啞巴。

03

向高情商者學習應對

———————

　　高情商者說話總是恰到好處，他們從不會給人難堪，不讓人難受。你想知道高情商者如何看待問題？他們擁有什麼樣的處世態度？什麼樣的心智？如何回應問題？以下是對他們的綜合描述：

　　從容不迫；充滿自信；逆來順受；很有耐心；高 EQ；恰到好處；充滿機智；利他心；幽默思考；正向態度；與人爲善；化敵爲友。

高情商者說話技巧

· 看破不說破，不給人難堪

　　具備修養的人，才能擁有這種忍功與善意。看到對方的問題不點破，不顯露聰明，不立即揭露，不造成對方的難堪，高情商者遵受「打人別打臉，揭人別揭短」爲人處事原則。

- 不說過分的話

  說話不要太重，不要太過頭，若一定要講就點到為止，不讓對方感覺沒面子，不舒服，只要讓對方能領會就好。

- 不要用顯微鏡檢驗別人

  天下沒有完美的人，不要用顯微鏡檢驗別人的言行，不要在雞蛋裡挑骨頭，不要老是盯著別人的缺點批判。做人低調做事高調，論事給人多一點空間，說話給人多一點面子。

向黃渤學機智與幽默

黃渤的溝通情商非常高，對別人給他的挑戰，從不生氣，還能在回話中倒打對方一把，被幽默回擊的對方，還能開懷大笑甘之如飴。有一回。黃渤演出《鬥牛》後與女主角閻妮一起接受採訪，閻妮說：「我之前合作的男星都是帥哥級別的，我跟你演夫妻，我就知道我要走向醜星的行列了。」很明顯，女主角閻妮虧黃渤不夠帥，任誰都聽得懂，黃渤馬上接口說：「那我跟妳演夫妻，我就要走向帥哥的行列了。」

又有一回黃渤被問到高圓圓與林志玲誰更美？黃渤巧妙避開問話者佈置的陷阱，他說：「平時聽到他們兩個人的名字，都會有暈眩感，你現在一下子說了兩個人的名字就是重度暈眩。」這是顧左右而言他，牛頭不對馬嘴，典型的實問虛答回應技巧。答非所問，避開令人尷尬的問題，不得罪任何人。再有一回，他去參加《魯豫有約》節目說他：「你現在很火啦！」

黃渤說：「那肯定是火，妳想想我都能夠坐在這兒跟魯豫聊天了！那還不火嗎？」黃渤機智反應快，一箭雙鵰讚美兩人，高情商讓溝通無障礙。

高情商的回話技巧

高情商溝通者的條件

高情商溝通者必須具備好的修養、正向的認知、高度的自信、幽默的個性、逆向的思考、與人為善的心態。高情商者總能「看淡問題」，不要把每一句話都當成是對你的挑戰，把對方挑戰你的話當成⋯⋯「根本沒事」、「小事一樁」、「沒有那麼嚴重」、「天底下沒有過不去的事情」、「不計較」、「事過境遷，相信明天會更好」。總之，把問題看淡，把負面的念頭轉為正念，高情商就能一天一天培養起來。

高情商老公的忍功

這是一則大陸網路流傳的貼文：昨天和老婆下象棋，五招之後我便勝局在望。老婆臉拉長了，硬說馬可走「田」字，因為是千里馬，我忍了。又說兵可以倒退走，因為是特種兵，我也忍了。沒走兩步，非得讓象過河，說是小飛象，我又忍了。最過分的是她的炮可以不用隔棋，甚至隔兩個以上都可以打，因為是高射炮，我還是忍了。

忍無可忍的是她的車居然可以拐彎，還振振有辭地說哪有車不能拐彎的？她的車是電動車，自動駕駛的，這些我全部忍了。繼續艱難鎖定勝局……。但最後，她竟然用我的士，幹掉了我的將，說這是潛伏了多年的間諜，特意派來。做臥底的，現在要發揮作用了。最後，她贏了……於是她一整天，有說有笑，愉快的去拖地、洗衣、做飯。吃飯時還給我斟酌一杯酒。深夜我看到她在夢中甜蜜的微笑，我悟出一個道理：

・家不是講理的地方
・家和萬事興，和諧共贏
・控制情緒很重要
・互敬的溝通是家庭幸福的基石
・規矩是死的，我們要活用

　　好友們！回家都學著點，別總和老婆爭高低爭輸贏，勝了你能當飯吃嗎？所以「安太座比安太歲重要」！做丈夫的再看一次，家庭會更和諧！特別是女力時代，女性的優點發揮的淋漓盡致，夫妻互敬，天下無雙。

敲一下響一聲

　　老爺回府問僕人：我不在時，發生什麼事？

　　僕人：有人送錢來。

　　老爺：是誰呀？

僕人：西村的張大川。

老爺：多少錢呀？

僕人：五十兩。

老爺：做什麼用呀？

僕人：他說要還您去年的錢。

老爺：好吧！你退下。

僕人：還有呢！老爺，他說下個月請您過去喝杯酒。

老爺：你為什麼不一次說完？為什麼要請我喝酒呀？

僕人：他說他兒子要娶媳婦了。

老爺：下個月什麼時候呀？

僕人：八月二十日。

老爺：什麼時間呀？

僕人：午時一刻。

以上對話也是一絕，為什麼僕人不一次就把話給說完？這也算是溝通的一種樂趣，抽絲剝繭，循序漸進，不這樣一來一往就不叫溝通，那就稱做簡報，簡報多乏味啊！

Chapter 4

溝通三要素（一）：
社會能力

01

溝通由三要素構成

溝通不只是口才表達

溝通不只是口才表達，從交流分析 PAC 理論觀之，P（parent）代表父母的心態，A（adult）代表成人的心態，C（child）代表兒童的心態，溝通是心態加口才的綜合表現。溝通不是一件簡單的事，溝通十分複雜，雙方進行交流時有七個部分同時在影響溝通的發展與結果。

人對人

溝通中，人與人之間的親近與信任關係比口才好不好更為重要。人與人之間的想法是否對盤？彼此是否看的順眼？雙方有無敵對關係？互相信任嗎？目前風行的「非暴力溝通、用愛溝通 love」，即是透過「同理心溝通技能」幫助個人建立自我

價值感，增進情緒覺察能力，追求眞誠、親密、圓滿的人際關係，有好的人對人關係才能產生圓融的溝通。

事對事

對事情的看法，見仁見智，每個人都有不同的觀點，溝通時雙方對事情充分表達看法，交換意見，尊重多元，包容差異。

心對心

雙方用心感受對方的態度，將心比心，感同身受，用同理心互相對待。

大腦對大腦

雙方用大腦表達想法，通過溝通交換彼此的觀點，進行思想交流，建立共識。

立場對立場

雙方各自堅持立場，通過溝通將彼此的對立變成合作的共好。

利益對利益

因爲利益衝突而進行溝通，通過溝通說服取得各得其利各取所需的利益分配。

口才對口才

雙方各自通過口才陳述，互相說服，取得一致的協議。

從以上說明了解，溝通有八個部分同時在進行，並非單一的口對口在溝通而已。

溝通能力由三個要素構成

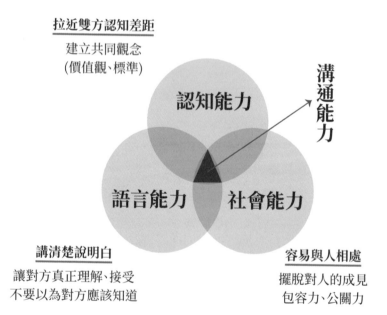

拉近雙方認知差距
建立共同觀念
(價值觀、標準)

認知能力

溝通能力

語言能力　社會能力

講清楚說明白
讓對方真正理解、接受
不要以為對方應該知道

容易與人相處
擺脫對人的成見
包容力、公關力

社會能力

　　溝通缺乏人和，口才再好也沒有用，所以社會能力是溝通的第一要素。社會能力是指具備容易與人相處的個性，能夠廣結善緣，擺脫對別人的成見，不給別人貼上不好的標籤，發揮對人的包容力，發揮長袖善舞的公關力。

語言能力

　　溝通必須陳述正確，表達完整，不僅能夠說清楚講明白，還要能言善道，語言能力是溝通的第二要素。讓對方真正理解你的想法，接受你的意見，特別是要注意「不要以為對方應該知道而不講清楚」。

認知能力

　　為何需要溝通？因為彼此對問題不了解，對現象認知不同，這是溝通衝突最嚴重的部分，包含：立場衝突、看法衝突、價值觀衝突、利益衝突、語言衝突、關係衝突、態度衝突……，認知能力是增進理解，整合問題，尊重多元，包容差異建立共識的能力。認知能力是最重要的溝通能力。

02

社會能力對溝通有多重要

社會能力差，阻礙一生發展

社會能力差影響你的健康

　　社會能力差，與人相處不好，處處碰壁，有志難伸，終日在高牆內悶悶不樂，大大影響你的健康，不能不愼思。老中醫認爲，所有的人體疾病都來自免疫系統的破壞，不同情緒會攻擊不同器官，肝主憤怒，肺主哀傷，腎主恐懼，所有的負面情緒都有記憶，長期沉澱在身體內部，你的大腦可能已經忘記了，但是身體器官一直會記得。負面情緒累積在體內逐步造成器官免疫力下降，社會能力竟然可以影響一個人的壽命長短。

社會能力差影響你的家庭

　　家庭和樂來自彼此相親相愛，互相包容，溝通暢通無阻。

反過來，一天到晚批判家人，這也看不慣，那也看不慣，凡事都要爭論一番，缺乏愛與包容，無法和樂相處，失去家庭幸福，人生即不圓滿。

社會能力差影響你的事業與職場發展

容易與人相處才能順利與人共事，像刺蝟的人很難發展事業，很難在職場獲得升遷。共好團隊成員必須具備松鼠的精神、海狸的方式、野雁的天賦，必須互相鼓舞互相支援。

社會能力差影響你的社會關係

人不能寡居，不能孤立於社會之外，社會能力差影響你的群體關係與社群影響力，減弱你的生命存在價值，造成孤立無援，形單影孤，彷如荒野一匹狼。

先處理人，再處理事

溝通能力三要素並非單獨存在，三者互動良好將產生正迴圈的良性結果，互動不好將產生負迴圈的不良結果。例如：認知不同造成人際關係破裂，語言衝突造成人際關係不好。社會能力對溝通有多重要？人際關係好什麼話都好說。所以當溝通出現矛盾時，記得「先處理人，再處理事」的原則。

眞正厲害的人都有脾氣

逆境順境看涵養，臨喜臨怒看襟度。

大陸網友這麼說：「眞正厲害的人，往往是有脾氣的人」。這句話也許對，但若能成爲厲害的人，又同時擁有高情商，這種人豈非更厲害？我們來論證一下，眞正厲害的人，是否眞的都是有脾氣的人？三國時代關公、張飛、周瑜、曹操脾氣都不好，孔明與司馬懿脾氣卻都很好，經此對照，顯然無法證明「眞正厲害的人，往往是有脾氣的人」這句話的精準性。我們是否可以改變一種說法，更符合現實：「厲害的人，因爲擁有權勢籌碼，所以脾氣比較大。」

職場社會力的七個法則

如何成爲職場更友善的人？

法則一：不批評、不責備、不抱怨

法則二：給予眞誠的讚賞與感謝

法則三：積極主動、熱心奉獻

法則四：眞誠的關心他人

法則五：經常面帶微笑

法則六：多聆聽，用正面反應做回饋

法則七：衷心讓他人覺得他很重要

03

Sharpen 你的社會能力

周哈里窗：認識四個我

爲何出現「言不由衷」

　　人在溝通，有時候並不清楚自己爲什麼會說出這句話，但是他已經講出口了。「言不由衷」一般指的是講話時並非發自內心的本意，另外一種世說新語是「說話的人自己感到錯愕，不知道自己爲什麼會這樣講話」，精準一點說，這種現象應稱爲「言不由己」。不論是「言不由衷」或「言不由己」，說話者都在心中對自己呼喊：「其實我可以講得更好」，「這樣講並不是我的本意」。人啊！事實上並非每一個人都能眞正了解自己，因此講完一句狠話、一串發洩情緒的話，自己會覺得不妥，可是話已經說出口，覆水難收，難以彌補。所以眞正了解自己很重要。

周哈里窗（Johari Window）的四個自我

眞正認識自己並不難，敞開心扉，接受自己，探索自己，提升自己，避免溝通時莫名其妙地與人衝突，控制不了自己說出不該講的話。

心理學家 Joseph Luft 和 Harry Ingham 提出「周哈里窗（Johari Window）」概念，將自己與他人對自己的想法交織出四個區域。周哈里窗提供溝通者自我了解的架構，這個架構可用於觀察自己在溝通中的成長與轉變，也能藉由和他人對話互相挖掘而更加了解自己的內心深處，等於讓自己了解薩提爾冰山理論水面下的自我，對了解眞實的自己，幫助自己在溝通中扮演適當的角色有極大的幫助。

	自己知道	自己不知道
別人知道	**（I）表裡一致的我** 自己一向都對別人開放，使得自己和別人都知道的我	**（II）盲目的我** 自己不知道，別人卻知道且這樣認爲的我
別人不知道	**（III）隱藏的我** 自己知道、別人不知道，是別人不了解，自己刻意隱藏的我	**（IV）潛能的我** 自己和別人都不知道，但可能存在的我

每一個人都有四個自我，存在四個領域中：

· 第一個領域：自己知道的自己，別人也知道的自己。

　　表裡一致的我，亦稱「開放的我」。

　　例如：我是眞誠的，一向有話直說，不愛拐彎抹角，值得信
　　賴。對方也知道我是眞誠的，一向有話直說，不愛拐彎抹
　　角，值得信賴。

· 第二個領域：自己不知道的我，別人知道的我。

　　自己不知道自己，別人卻了解我，亦稱「盲目的我」。

　　例如：我經常對問題發表悲觀的觀點，我不知道爲什麼自己
　　總是如此說話。別人卻了解我是一個謹愼行事的人，凡事先
　　設想最壞的情況，然後盡力再把事情做好。

· 第三個領域：自己知道，別人不知道的我。

　　我知道我自己，別人不了解我，亦稱「隱藏的我」。

　　我有一套待人的標準，別人不清楚我的標準。

　　例如：開玩笑時，我有紅線區，踩到紅線我會生氣，但別人
　　不知道我開玩笑時，設有紅線區，別人玩笑開過頭，一不小
　　心就爆雷了。

· 第四個領域：自己不知道的自己，別人也不知道的自己。

　　自己和別人都不了解的自己，稱爲「潛能的我」，亦稱「未
　　知的我」。這是自我的神秘地帶，不知道溝通過程會突然出
　　現什麼火花。

林書豪第三個領域的自我

今週刊曾經有過一篇報導「你不知道的林書豪」，他向週刊記者獨家告白公開第三個領域「自己知道，別人不知道的我」，報導文章說，他遭好友背叛、自我封閉 5 年，到如今投身影響力投資。每一個人都有自己知道但別人不知道的自己，不講出來，不與人溝通，最終不是造成雙方誤會，就是造成自我委屈。他說「林來瘋」暴紅後，每個人都把他當搖錢樹，造成林書豪無法相信任何人；目睹小學生販毒，在哈佛大學輔修社會系，他立志以後要翻轉貧窮社區，他延攬永續投資專家操盤基金，為 600 萬弱勢族群提供各方面援助。

心理醫師的失眠治療

許多人都有失眠的困擾，通過精神科醫師診斷開藥與安排團體活動心理治療之後，大致都能獲得明顯的改善。除了藥物治療自律神經失調之外，病患找到冰山理論水面下潛藏多年的自我，心理醫生與護理師幫助病患排除心理障礙也是主因。

擴大「開放的我」

將「開放的我」越來越擴大

研究報告發現，當自己和身邊親近的家人、朋友、同事、社會大眾所理解的自己越趨向一致時，越有快樂的感覺，越容

易建立和諧的人際關係，溝通的社會能力將可以不斷極大化。

擴大「開放的我」有四個方法可以採用：

方法 1. 主動「問」身旁的人，他們是如何看待你的，請他們形容一下。

方法 2. 主動「說」出自己的深藏不露的一面。

方法 3. 在自處或相處過程中，分享探索雙方發現哪些新的面目。

方法 4. 時常挖掘還沒被開發的區域，了解更深層的想法。

打開心窗接納世界（open your mind）

培養自信，打開心窗與外界多方接觸，擴大「開放的我」，當你看見窗外的藍天，你就能夠成為快樂的溝通高手。打開你封閉的心，讓外界多了解你，你會發現世界變得更美好。

不要擔心別人看自己的印象

聖嚴法師說：不要在乎別人對自己的印象，因為希望沒有人批評是不可能的。如果你是一個好人，壞人就會批評你。如果你是一個壞人，好人就會批評你。你不好不壞，好人看你不夠好，壞人看你不夠壞，兩邊都批評你。所以不要在乎人家對你的想法，只要考慮自己對人是否誠懇、謙虛、包容和願意奉獻，其餘的都不是重點。包容是什麼意思？包容不同的意見和

蘇格拉底（Socrates）哲學：省察人生

蘇格拉底說「未經省察的人生不值得過」，能夠省察自己，認識自己，才知如何改變自己，讓自己變得更好！古希臘德爾斐神殿上有一塊石碑刻著「認識你自己」，這幾個字的含意正是蘇格拉底一生的哲學，他說「人們需要認識自己，改變自己」。蘇格拉底認為：「先能夠了解自己，才能認識人生。」

培養高自我察覺能力

社會學家庫利（Cooley）在《人性和社會秩序》（1902）一書中提出「鏡中自我」（Looking-Glass Self）的概念，認為每個人的心中都有許多面鏡子，鏡子裡呈現的是「自己眼中別人對自己的評價」，例如：「我覺得主管特別喜歡我」、「我感覺同事老張似乎覺得我很煩」等。「鏡中自我」會影響溝通中的自我悅納與情緒掌控。庫利認為人的自我意識是在與他人的互動過程中通過想像他人對自己的評價而獲得的。

在與他人的交往中，人們首先想像自己在他人眼中的形象如何，其次想像他人對自己的形象如何評價，最後根據他人對自己的評價形成自我感。值得特別留意的是「人格發展」及「自我意識」形成的過程中會受到鏡中自我的影響。亦即「鏡中自我」的形象塑造會影響我們成為什麼樣的人。若你覺得很多人說你很煩人，有可能你就逐漸覺得自己提出的意見是多餘

的，慢慢地也就不敢表達自己的看法，變成比較畏縮的性格。

別人心目中的「鏡中自我」可能和現實有些落差！有專家研究同儕人際網絡互評對自我覺察的影響，發現一個令人驚訝的結果：我們一直認為好朋友是最了解自己的，但實驗結果顯示，不喜歡你的人反而比較了解你。換句話說，勇於和不同的朋友互相揭露，有利於發現自己不曾了解的一面。該項研究也顯示：受歡迎型學生自我覺察程度比被排擠型學生高，受排擠型學生有較低的自我覺察，不易察覺自己在同儕間的負向行為。由此得知，高自我覺察與好的人際關係具有正相關；不受歡迎者有可能是不知道自己有些行為會使他人感覺不舒服，不知自己為何不受歡迎。因此，打開心胸，勇於揭開更多彼此的真實一面，讓「鏡中自我」不再只是自己的猜測，對每一個人都能對自己獲得更真實的理解，有利於建立更美好的人我關係。

學習跟自己對話

改變自己靠自我的內在力量，內心不願意改變，外界無法改變你，希望自己變得更好，學習跟自己對話，悅納自己，肯定自己，相信自己，你的社會關係就會變得更好。

Eric to Eric

　　住在小鎮的中年男子 Eric 丟掉工作，生活困頓，他想打電話給在鎮上銀行上班已經離異的太太，他希望能跟她見面吃飯。結果擔心太太瞧不起他而不敢打電話。數天之後，在家裡正在煩惱猶豫的 Eric 忽然看到客廳的另外一邊出現另外一位 Eric，遠端的 Eric 跟他說，你的顧慮是不需要的，說不定你的太太也在期待與你聚餐，你應該勇敢地打電話給他，順便約女兒與孫子一起進行家庭聚餐，那該多好啊！真實的 Eric 還是繼續猶豫了好幾天，接著每天晚上遠端的 Eric 都會出現與 Eric 對話，終於有一天真實的 Eric 答應遠端的另外一個自我明天打電話給太太。第二天電話中的太太說她非常高興接到 Eric 的來電，同意約時間請他與女兒一家人聚餐。

北海道咖啡館

　　一對日本夫妻移民加拿大多年，他倆希望退休後回北海道家鄉開辦一家溫馨的咖啡館，他們的夢想是與鄰居們在吧台前愉快分享日常生活話題，享受鄉間的濃厚人情味。但妻子不幸在兒子開快車的車禍中喪生，先生只好孤獨地經營咖啡店。先生對兒子一直不諒解，連兒子參加工程設計比賽得到冠軍，都未向住在附近的兒子恭喜，父子倆的關係已經斷線。

　　一個準備打烊的晚上，先生正在吧台內清洗杯盤，他看見太太在 L 型吧台的遠端面帶微笑地看著他，太太說：辛苦

一天啦！還好嗎？今天應該是很愉快的一天吧！我們的夢想終於實現了！我看鄰居們越來越喜歡來我們這家店聚會，真的很棒！先生跟太太談起從前在加拿大生活的過往，兩個人談的十分愉快！

之後每一個晚上打烊後，太太都會坐在吧台遠方位子上跟先生對談，有一次她說兒子開車釀成車禍並非完全是兒子的錯，希望先生不要再放在心上，這樣的心結造成父親與兒子互相不往來。有一個晚上，太太鼓勵先生打電話給兒子恭喜他獲得比賽冠軍，為家族爭光，太太說，兒子聽到電話一定會很高興的。經過幾次心理掙扎，先生終於鼓起勇氣打電話給兒子，兒子很高興開車十五分鐘立即回到咖啡館與父親見面，父子兩人擁抱和解時，先生看見太太坐在遠方吧台對他做出安慰的微笑。先生藉由與太太的內心對話促成父子誤會冰釋，找回幸福的關係。

「忍」幫助你提升社會力

星雲法師說：在我們一生的行事當中，「忍」對一個人是很重要的。夫妻不能忍，就要離婚；朋友不能忍，絕交不來往；工作不能忍，就想辭職，最後只有失業。佛經講：「不能忍受毀謗、批評、惡罵如飲甘露者，不能名之為有力大人也！」一般人以為「忍」就是打不還手、罵不還口，是懦弱無

能的表現，其實「忍」是力量、是智慧，忍具有認識、擔當、負責、化解之意。人家說話批評我一句，我沒有力量克制自己，就要跟他吵架；人家討我便宜，我不甘願，我要跟他討回來。對於一切人、一切事、一切錢財，我們都沒有一點力量，都不能承擔、不能接受，不能忍的人生難道就會快樂嗎？忍，有時候不只是為自己，更是為了利益他人。有益於人的，即使自己受委屈也要忍；無益於人的，就算犧牲自己的利益也不計較。

有一則故事：信徒到寺院裡拜佛，都會敲磬、上香、獻花。有一天，銅鑄的大磬很不高興，向銅鑄的佛祖抗議：「佛陀啊！你我同樣都是銅做的，為什麼信徒來了就給你磕頭、獻香花、燈燭；而我不但沒有受到同等待遇，還敲打我，說什麼『拜佛不敲磬，佛祖不相信』，這點我實在不能服氣。」佛祖一聽，就說：「大磬啊！你不要不平、不服氣。當初工匠要鑄造我的時候，頭上不平整就敲呀、錘的；耳朵太長太短就不斷的挖啊、削啊；我是經過多少敲敲打打，千錘百鍊之後才成為受人禮拜的佛祖，這些榮耀都歸功於忍耐而來的，因為忍耐修得的福報因緣，才有民眾願意來朝拜我啊！反觀大磬你，不堪別人一擊，一點也不能忍耐，人家一敲，你就『嗡嗡……』的叫了起來，當然我們的待遇就不一樣了！」

王陽明先生有一天帶學生出去參學，街上看到兩個婦人家在吵架，一個罵對方：「你沒有良心！」另一個罵：「你才沒

有天理！」王陽明先生聽到了就跟學生說：「來！來！來！大家快來聽，這裡在講學、講道喔！」學生們一聽說，「老師！這哪裡是在講道呀？他們是在互罵啊！」王陽明先生說：「要求別人就是罵人；要求自己就是道。」就王陽明的觀點而言，良好的社會能力來自要求自己。

善用 P 頻道反應問題

P 頻道（positive thinking）是正面反應，N 頻道（negative thinking）是負面反應，彭懷真教授曾舉許多職場例子，他認為女性在職場上比較常主動表達願意承擔額外工作，在人際溝通時的情緒管理也比男性來的好，所以他在報端曾經發表過一篇有關「組織溝通」的文章，標題為「從女性身上學習溝通課題」。

彭教授講的對，女性天生比較隱忍有耐性，多數能對溝通的對話做出正面反應，雖然有一部分女性習慣鑽牛角尖，在溝通時會做出負面反應，但多數女性天生隱忍與耐性的表現，在人際溝通方面比男性的率直剛強擁有更好的社會力。彭教授認為女性主管不喜歡政治動作，比較合群，溝通時比較溫和，對人比較用心，當討論問題時，女性傾向「使工作能夠完成」，比較不會斤斤計較。當需要人幫忙時，女性主管往往會說：「我可以幫你」。經常做出 P 頻道反應是培養溝通社會能力極

為重要的部分。彭教授特別指出美國前國務卿馬德琳－歐布萊特（Madeleine Albright）在回憶錄中寫了一句名言：「我聽到批評，總是假定對方是善意的。」正面反應的態度在許多女性的身上常常可以感受得到。

網路有一則人際互動訓練令人印象深刻，跟大家分享如下：

輔導師安排每六位學員圍坐成一個圓圈，每一位分發各兩張寫著不同內容的卡牌。訓練開始時，每一回合請學員從手中選擇一張卡牌傳給右邊下一位，直到完成一個循環。遊戲開始後，文章作者跟大家說：我手上有「快樂」跟「悲傷」兩張卡牌，我不假思索的把「悲傷」向右邊學員傳出去，然後我從左邊學員拿到「痛苦」。第二回合，我把「痛苦」傳出去，結果拿到「憤怒」。第三回合，我把「憤怒」傳出去，結果拿到「貶低」。第四回合，我把「貶低」傳出去，結果拿到「匱乏」。第五回合，我把「匱乏」傳出去，結果拿到「沮喪」。第六回合，我把「沮喪」傳去出，結果拿到「悲傷」。喔！「悲傷」又回到我手上了，原來每一個人都不喜歡「負面文字」。第一階段培訓循環結束了，「快樂」始終還在我手上，我只拿到五張負面文字的卡牌，我感覺有點詭異，為什麼沒有人願意給我正面文字的卡牌？

第一階段結束後，輔導師問：「剛剛有誰是把自己喜歡的那張卡傳出去的？」

「……。」沒有人舉手，原來大家都把「正面文字」卡牌留給自己。輔導師接著說：「下一階段，請大家開始時把喜歡的那張『正面文字』分享給別人試試看？」訓練開始了，我手上有「快樂」跟「悲傷」，我把「快樂」傳出去，然後我拿到的是「平靜」。第二回合，我把「平靜」傳出去，拿到的是「智慧」。第三回合，我把「智慧」傳出去，拿到的是「慈悲」。第四回合，我把「慈悲」傳出去，拿到的是「理解」。第五回合，我把「理解」傳出去，拿到的是「喜悅」。第六回合，我把「喜悅」傳出去，拿到的是「快樂」。「快樂」回來了，循環結束。這時候，每一個人都驚呆了，這一階段的感覺與上一階段的結果差太多了！這個訓練給大家一個啟發：你對別人說一句好話，別人也會回給你一句好話，你對別人說一句惡言，別人也會回你一句惡言。溝通時，你用正面的態度待人，對方也會用正面的態度待你。你好好說話，對方也會好好回話。

溝通要好好與人相處製造善意螺旋，不要創造惡意螺旋。

自我消融

在〈煩惱如霧起雲生〉文中，聖嚴法師說：我們所處的世界，都是自己所體驗的世界，未必別人也有相同的體驗。因此造成公說公有理、婆說婆有理的現象。大家如果各執己見，誰也不肯退讓，那就永遠相持不下，許多衝突、糾紛，就這麼產

生。聖嚴法師期望每個人都學會放棄我執，放棄我執的方法就是做到「自我消融」，當我不執著自己是那麼重要時，就能提供對方更大的生存空間。彼此之間就不容易產生摩擦。不要處處顯露你比對方聰明，引導對方自己認知錯處，比你直接告訴他錯在哪裡有效。

30 秒洞悉對方說話的心態

擁有識人之明就能在溝通中發揮察言觀色的功力。一位電視名嘴表示他活過 70 歲了，場面看多了，生活閱歷非常豐富，他說有人坐下來跟他談 30 秒鐘，他就知道那個人是什麼樣的人，他在想什麼。「30 秒洞悉對方心態」，社會上越有實力的人，溝通談吐越是低調，這種人靜觀天下，對事情了然於胸，對人瞭如指掌。

老闆在拒絕你

當你向老闆提建議時，老闆皺一下眉頭，避開你的眼神，表示你的建議不符老闆的要求。開會時，老闆一邊聽取你的口頭簡報，一邊看著書面資料，當他脫下眼鏡不再觀看書面資料時，表明他想要結束會議，你要知趣一點，盡快將報告做一個總結。得人心者得天下，順老闆意者得高位。

面試人員的小動作

面試時，在面試官前要避免不經意的一些小動作，小動作容易被眼尖的面試官察覺。例如：不自覺地雙手握拳，隨意摸一下下巴，前者動作代表應徵者的內心緊張，後者表示對回答問題沒有把握，心裡有些茫然。

溝通中的沉默

對方對你提出的建議忽然沉默起來，表示他尚不清楚你的方案，需要思考一下或希望你進一步提供更詳細的資訊。也可能是他不接受，正在思考如何回應你的問題。此時溝通對策最好是以沉默對待沉默，沉著地等候對方的下一個動作，避免做出誤判。

溝通的弦外之音

如果有一天老闆問你：「你將來有什麼打算？」或是開會時，他問你：「甲案和乙案，要是你是採購商，你會選擇哪一個服務方案？」這些試探性的問句都有弦外之音。前面的問話在試探你對公司的滿意度，以及你如何評量自己的工作表現。後一句問話的用意在蒐集與會部屬的想法是否與他的想法一致，透露主管對解決問題的對策已經有想法了。

顧左右而言他

原本買賣雙方認真在討論一筆交易案，花了 30 分鐘深入討論交易條件後，買方忽然顧左右而言他，讚美賣方的各方面表現，心思靈敏的賣方馬上做出反應，買方對交易條件不甚滿意，不想繼續討論買賣條件了，應該趕快把原來的話題拉回來。

少說與多說

說話要有節制，不要煞不住車，哇啦哇啦講太多，能講的才講，不能講的不要講，就可以發揮社會力。什麼時候該說？要少說？要多說？靠察言觀色，靠智慧。山不在高，有仙則靈，話不在多，說的恰好最重要。講多了，對方會煩，特別是溝通衝突時，少講一句話很重要，不要在火上添油，多講的話，有時候像七傷拳，七分傷人三分傷自己。例如：

先生：這件事情算我錯了，妳就不要再講了。

太太：你的態度與口氣，我看不出來你是在認錯啊！

有些人吵架的戰鬥力很強，這些人習慣性想壓制別人，唯有出頭天了，讓對方喘不過氣來，他們才會善罷甘休。如何做人與如何做事都是人間修行。

珍惜彼此，保留空間

出門高 EQ，回家低 EQ。

面對外人，有些人總是謙恭有禮，進退有據，雍容大肚，心平氣和地說話；但面對最親近的家人，卻往往為了一點小事就苛責、抱怨、批判，出言傷害。這是特殊的心理，在外說話怕得罪人，場面不好收拾，在家中耍脾氣則不怕得罪家人，甚至將外面所遭受的冤氣發洩在家人的身上。

一位不知名的人士說：「相聚是兩個人的事，離開卻是一個人的決定。」茶因不珍惜而涼，人因不珍惜而散，珍惜這兩個字所以顯得特別可貴，是因為很多東西都是在失去後才知道它的值得與難得，一旦錯過可能此生難遇。許多原本要好的朋友或同事，因為一件事情產生衝突，從此反目成仇，老死不相往來，殊為可惜。惜緣即是惜福，既惜緣又惜福的人，人生最富有。

智悲雙運

證嚴法師新春祈福語說：慈悲行善福滿門，智慧處事德傳家。培養社會能力要用心？還是用腦？用心是慈悲喜捨，感同身受，可以培養慈悲心，但是缺乏智慧的人不可能發慈悲心，所以培養溝通社會力，應該要智悲雙運。

做情緒的主人

避免被「情緒勒索」

「情緒勒索」影響溝通社會力最嚴重，「情緒勒索」是破壞溝通氛圍與人際關係的主要原因，培養溝通社會力，掌控情緒是優先該做的一門功課。

首先我們一起來學習「如何不遷怒於人」：

費斯丁格法則

美國社會心理學家立昂·費斯延格（Leon Festinger）認為生活中的 10％是發生在你身上的事情組成，而另外的 90％則是你對所發生事情如何反應所決定。換言之，生活中的 10％是我們無法掌控的，而另外的 90％是我們可以掌控的。在他《與負面情緒愉快相處的轉變練習》（高寶出版）一書中，有

一則情緒勒索的故事是這樣發生的：

先生將手錶放在洗臉台，太太怕手錶沾到水，好心把先生的手錶拿到餐桌上。結果，兒子吃早餐時，不小心打翻牛奶，為了搶救手錶，反而摔壞了手錶，先生生氣地打了兒子，先生罵太太說手錶是防水的，何必拿到餐桌上？先生一氣之下，出門上班卻忘了帶公事包，開車回來拿公事包時，又發現家門鑰匙在公事包裡，他無法開門。太太去上班，兒子去上學，先生進不了門，先生只好打電話給太太，太太急急忙忙趕回家的路途中，不小心撞翻商家的水果攤，太太趕快賠錢給水果攤老闆好脫身，先生上班因此遲到 15 分鐘而被主管責罵。先生心情不好，下班前跟同事又因小事吵了起來，太太因請假一段時間也被扣除全勤獎金，兒子心情不好，造成球賽也輸了。這一連串事故中，手錶摔壞這件事只是其中 10%，因為先生沒有處理好後面可以控制的 90% 情緒，使得全家人一整天都過得非常不愉快。

劇本重編，假如爸爸跟兒子說：沒關係！手錶送去修理就好了，所有人一切都會沒事，這個事件的關鍵在「爸爸只要把情緒控管好，全家都能生活的很快樂」。處理事情要避免陷入「情緒勒索」陷阱，人不可能沒有情緒，但要學會改變心態，扭轉想法，腦海要時時存在「幸福指數」與「成本觀念」，情境來時要立即詢問自己「被情緒勒索，划得來嗎」？

失控的愛

　　天下雜誌獨立評論 Podcast 廖總編在節目中提到，農曆過年快到了，過年期間是朋友家人團聚相處的時間，也是家人吵架的高峰期，怨偶本是最相愛的人，吵架的家人本是最親密的，為何吵架最多的反而是最親密的人？節目嘉賓張家齊心理師為我們做出詮釋，解答心中的疑惑。他出版的《失控的愛》一書中解說為何親密的人會從甜蜜走向虐愛？原因往往不是對方不對或是自己不夠好，而是我們成長過程曾經經歷某些過程造成我們心裡產生心理失控感，當我們越想控制情境，那一種失控感就越強烈。為什麼人們愈相愛，愈受傷？張心理師教導我們學會觸摸那些心底被忽略的失控感與恐懼，才能讓自己與相愛的人走向真正親密的未來。

　　張家齊臨床心理師教導讀者要學會覺察自己的情緒，避免遇到挫折時發生情緒勒索現象而造成人際關係的緊張，人際關係緊張是溝通社會力的一大障礙。情緒勒索產生的原因是因為心裡缺乏別人認可，若心理狀態能控制得當，自己將不容易被別人的情緒所干擾。人都需要讓別人覺得自己有能力、有份量、有影響力，張心理師的論述與心理學家馬斯洛博士所提五大人類基本需求是一樣的。人類希望被接納、被肯定，這些心理需求雖然看不見、摸不著，但如果長期認為「自己沒有什麼用處」、「我對別人沒有什麼價值」，最終你的自卑與挫折將在爾後的人際互動中造成情緒勒索現象。薩摩爾的冰山理論建

立在相同的理論基礎上。不論自我犧牲型、全面控制型、恨意爆表型、零信任型、多重關係型、寄生型、人類外顯的行為都來自內心，包括自己不知道的自己所控制。

唯柔能和

聖嚴法師解說柔的力量。

聖嚴法師說，柔，並非一味地消滅自己的想法，而是要消融自己的性格、想法、情緒等，同時包容對方的差異。若雙方的性格都是剛烈的，便很難達成默契，且易造成兩敗俱傷。唯「柔」能和。

情商管理以柔出發的另外一層意義是「改變自己比改變別人容易」，「你改變了，對方也會跟著改變」。

心理學家詹姆士（William James）認為人能辨識不同情緒，所以當你發現自己快被負面情緒勒索時，要及時運用「神經語言程式學」（NLP）幫助自己轉念，這樣就能夠維持正面的情緒。情緒低落、負面情緒大大破壞溝通的人際和諧關係，想成為溝通高手，你不能不控制好自己的情緒。

高情商者的社會能力

高情商人士的說話技巧是有原則的：他們不僅能理解他

人，同時也能理解自己，唯有雙向理解才能產生同理心、感同身受，單向理解是不夠的。人際交流時，高智商者謹守分寸，說話不踰矩，知所進退，不會得理不饒人，也不會發洩情緒講幹話，進退有據，尊重對方又不會失去本身的立場。說規勸的話點到為止，不讓對方難堪，也不會讓對方無所警覺。他們有哪些高明的說話習慣或技巧呢？

第一、看透不說透、看破不說破

高情商人士在社交應對上，縱使已經識破事實的真相，看透問題的本質，仍然能夠隱忍不發，他們的社交哲學是：「不講不需要講的話，是留給別人的善意，也給自己一個維持人際關係的空間。」這個世界沒有完美的人，給人留一個面子，同時也是給自己一個從容的空間。他們常說：「我看到問題了，我相信你也看到了。」他們不會說：「我都看到問題了，你難道還看不到問題嗎？」

第二、說話點到為止，不讓對方過度難堪

讚美對方可以無限制地誇獎，指責對方或提出反對意見，則保留三分，說話點到為止，不讓對方過度難堪。對方若聽不懂，未能察覺問題，高情商人士會換另外一種說法點醒對方，不會直截了當地說：「你聽不懂我剛才說的話嗎？」

第三、狀況再嚴重、也不會口出惡言

高情商人士很清楚：「說話容易，傷人難癒。」說話可以像蜂蜜甜口，也可以像利劍傷人，高情商人士說話不會口不擇言，更不會口出惡言。

第四、高情商人士，喜怒不易形於色

這種人面對情境挑戰，沉著冷靜，不會立刻流露情緒，高情商人士不激動不冷漠，回應問題的時間點、表達口氣、溝通修辭總能恰如其分，應對得體。

台積電董事長張忠謀先生是一位高情商人士，他說：「不出聲的人，不是沒脾氣，而是不想和你一般見識。」「爬高到10樓的高度就聽不到地面的人罵你。」

05

應付難纏的溝通者

不論你的社會能力有多強，溝通時仍然會被難纏者騷擾而失去包容力，應付難纏的溝通者有四個對策：讓他、避開他、面對他、超越他。「讓他」如「寒山問拾得」的退讓態度，忍他幾年、讓他幾年，看他以後會怎麼樣，眼前不跟他一般見識。「避開他」就是少與小人相處，溝通就可以避禍。「面對他」就是與對方直接對決，但盡量做到態度溫和立場堅定，跟難纏的對方講清楚說明白，不讓對方軟土深掘，要求適可而止。「超越他」是採取比對方更高明的應對技巧，讓對方知難而退，不敢挑釁。

近君子，遠小人

「近君子遠小人」一語出自諸葛亮《出師表》。意思是鼓勵大家多接觸君子，遠離小人。君子寬宏大量，光明磊落，

行事坦蕩蕩，小人則反其道而行。哪些人又是溝通學裡的小人呢？

背後說三道四的人

避免跟喜歡打聽小道消息，傳播小道消息的人走動的太親密，說人是非的人，本身就是是非之人。你信任他講給他聽的話，很快就會被他添油加醋。傳播出去，最後造成惹事生非的結果，殊為不值。

人前人後，言行不一之人

有些人當著你的面說好聽的話，但在背後講的卻是不一樣的話，與這種人溝通，要謹言慎行，防人之心不可無，預防背後你被他出賣。

說話老是酸你的人

這種人見不得別人比他好，處事習慣壓人，說話習慣酸人，這種人無法與人友善相處，要盡量避免與他共事、溝通。

講話那麼霸道，我們還算朋友嗎？

與具有特殊性格者往來，若要維持朋友關係，就只能看他們是否有讓你值得往來的理由。阿德勒個體心理學提醒我們，了解自己接受自己調整自己，不要委屈自己，甚至要有被討厭的勇氣。請不要生氣，因為他們不知道你在生氣，就算知道，

他們也不會調整自己，我們只能學習與霸道性格的人相處。但也要提醒他「講話那麼霸道，我們還算朋友嗎？」

用愛的語言超越暴力溝通的人

透過「同理心溝通技能」的學習，幫助我們建立個人自我價值感，積極增進情緒的自我覺察能力，追求真誠、親密、圓滿的人際關係。不要在「虐愛」中跟對方講道理，要以理性包容的愛重新導正（redirect）對方對愛的錯誤認知。

避免與多疑心的人溝通

分享網路個案，就知道與難纏的人溝通有多難。

老公心情不好，一個勁的喝悶酒。

老婆問：「你在幹嘛？」

老公說：「別跟我說話，我想靜靜！」

老婆轉過身一個巴掌，問：「你給我說清楚！到底『靜靜』是誰？」

感慨啊！人生有時候想「靜靜」都難！

老公帶老婆兜風，想起挨了那巴掌，心裡不舒服，就把車停在路邊。

老婆問：「你幹嘛？」

老公不耐煩地回答：「我想停停怎麼了？」

老婆：「他媽的，剛想完靜靜，又想婷婷！」又一巴掌。

感慨啊！人生走的累了！想「停停」都難！

老公挨打完，越想越窩囊。看路邊丁香花開了，就走了過去。

老婆問：「要採花啊？」

老公說：「沒有！只是想聞聞。」

老婆嘩啦又一個巴掌下來，大罵：「你說！雯雯是誰？」

回到了家，老公臉被打得火辣辣地。就從冰箱裡拿一冰淇淋放臉上降溫。

老婆問：「你不吃，放臉上，不就融化了！」

老公說：「吃不下，想冰冰。」

老婆嘩啦又給老公一巴掌痛罵：「還有冰冰！到底有幾個啊！」

老公的臉火辣辣的，老婆又問：「你還在想誰？」

老公說：「不敢了！我現在只想揉揉。」

老婆嘩啦再給一個耳光！大聲罵：「連柔柔都來了！」

提示：溝通真難啊！

06

你是否爲 A 型性格的人

A 型性格的人，在溝通中充滿挑戰力、積極性、競爭心理，凡事都要爭勝，不能輸給別人，反應在溝通上，就會出現好強爭辯的現象。對方既然不喜歡輸的感覺，你與他溝通就不要出現「壓倒勝」的局面，說話不宜太重，適當時機要給對方戴一頂高帽子，否則兩人關係不會太好。這一張表格可以幫助你了解自己的處事性格是否是 A 型的性格，這種性格的人心理壓力太大，要懂得自我調適。請在每一題 1-7 中勾選一個數字，統計分數後就可以大致了解你是否屬於 A 型人。

職場性格 -A 型人與 B 型的人

習於表達自己的感受	1 2 3 4 5 6 7 8	習於隱藏眞實感受
沒有與人競爭的心態	1 2 3 4 5 6 7 8	非常喜歡與人競爭
縱有壓力也無焦慮感	1 2 3 4 5 6 7 8	時常有焦慮感
對時間不在乎	1 2 3 4 5 6 7 8	約會上班從未遲到
做事的步調緩慢	1 2 3 4 5 6 7 8	走路飲食皆很快速
嗜好很多	1 2 3 4 5 6 7 8	工作之外極少嗜好
一次只做一件事	1 2 3 4 5 6 7 8	常想同時做很多事，做第一件事時就想到第二件事

40 分以上：極端 A 型 - 注意健康，你的壓力太大了

35-39 分：A 型的人

30 分以下：B 型的人

07

溝通社會能力──心靈雞湯

　　培養溝通社會力有賴你自內心深處燃起生命的溫度，讓對方容易接近你，同時培養讓人值得信賴的言行舉止。社會能力不是讓你委屈自己，而是創造雙贏。You are OK, I am OK, then We are OK。

要怎麼收穫，先那麼栽

　　「要怎麼收穫，先那麼栽。」這是胡適先生晚年使用頻度較高的一句贈語。如果你想要別人對你好，你就要先對別人好。如果你希望溝通很愉快，就要先釀造愉快的互動氛圍。如果你希望對方相信你說的話，你要先讓對方覺得你是可以信賴的。如果你想讓對方跟你掏心掏肺，你要先塑造親和力、創造友善而親近的關係。

給人方便，給人歡喜

　　網路流傳一則感人故事：那天和老公非常幸運地訂到回婆家的假日車票，上車後卻發現有一位女士坐在我們的位子上，老公示意我先坐在那位女士旁邊的位子上，卻沒有請這一位女式讓位。我仔細一看，發現她的右腳有一點不方便，才了解老公為何不請她讓出位子。老公就這樣一直從嘉義站到台北，下了車，心疼老公的我問他：讓位是行善，但從嘉義到台北這麼久，大可中途請她把位子還給你，換你坐一下。老公卻說：人家不方便一輩子，我們不方便這三小時而已。（資料來源：大紀元）

多為別人著想時，路才會走得更遠

　　瑞典沃爾沃（Volvo）總部有兩千多個停車位，早到的人總是把車子停在遠離辦公樓的地方，天天如此。有人問：「你們的停車的位置是固定的嗎？」他們回答：「我們到的比較早，有時間多走點路，晚到的同事或許會遲到，需要把車停在離辦公樓近的地方。」

發揮設身處地的包容心

　　孔子一天外出，天要下雨，可是他沒有傘，有人建議說：「子夏有，跟子夏借。」孔子一聽就說：「不可以，子夏這個人比較吝嗇，我借的話，他不給我，別人會覺得他不尊重師長，給我，他肯定要心疼！」處事不要為難對方，要有先見之明，人際關係才會好。

Chapter 5

溝通三要素（二）：

語言能力

01

口才有多重要

一句話的力量：83 萬個讚

　　FB 專欄「一句話的力量」在台灣獲得 83 萬個讚，有 80 多萬追蹤者。這麼大的粉絲數字，著實令人驚訝，這代表廣大網友對「一句話的力量」擁有相當高度的重視與期待。一句話說起來簡單，但它卻是威力無窮，說話人人會說，但說的好的人不多，說的精彩的人更少。古今中外許多人因為別人的一句話而深受感動，甚至豁然開朗，因為「一句話」而改變一生。

　　美國著名的教育家和演講家卡內基，小時候是一個非常調皮的小男孩。他九歲的時候，父親將繼母娶進門。他父親向新婚妻子介紹卡內基時，這麼說：「希望妳注意這個全城最壞的男孩，他實在令我頭痛，說不定明天早晨他還會拿石頭砸妳或做出什麼壞事呢！」出乎卡內基的預料，繼母微笑地走到他面

前，托著他的頭，注視著他一下。接著轉身告訴丈夫說：「你錯了，他不是全城最壞的男孩，而是最聰明的一位，他只是還沒找到宣洩熱忱場所的男孩。」此話一聽，卡內基的眼淚不禁潸然而下。因爲這一句話，建立了卡內基和繼母之間深厚的感情；也因爲這一句話，提供卡內基立志向上的驅動力；更因爲這一句話，讓他日後幫助全球無以計數的學習者共同步上成功之路，成爲溝通專家。

每一個人都有能力創造一句話去影響別人，例如：

・有人難過時，你跟他說：「再怎麼難過，都還是要讓自己繼續前進。」

・有人沒信心時，你跟他說：「承認自己不完美，有自信的人最美。」

・有人自認事情沒做好，你跟他說：「沒有最好！只有更好！努力就對了。」

・有人沮喪時，你跟他說：「凡事皆正面，能量永不滅。」

・有人想放棄時，你跟他說：「目標既設定，努力做到底。」

・有人失戀時，你跟他說：「下一個會更好！要愛自己，爲自己而活。」

・有人懊悔時，你跟他說：「對過去永不後悔，對未來永不放棄！」

說正面的話能產生莫大的影響力！不要忽視一句話，語言

充滿著能量。

台灣幾家大學校園裡都設有學生口才訓練社，社會團體青商會與紳士協會也都設置演辯社訓練社員說話與溝通技巧。成功大學滔滔社創社呂社長認爲口才影響溝通，溝通影響說服力，成功人士都應該培養絕佳的滔滔口才。

用口才寫歷史

孔子的論語

孔子是古今中外最有影響力的口才家、思想家、教育家、政治家，儒家學派創始人，公元前 479 年逝世後，弟子將他的言行語錄、思想編撰成《論語》。孔子的思想與語言力量影響至今，例如：「學而不思則罔，思而不學則殆。」《論語・爲政篇》「知之爲知之，不知爲不知」的論述，都被沿用至今。

張儀的六國連橫

張儀的「連橫」策略，主張自西向東與各諸侯國結盟，以秦國爲盟主，不與秦國對抗。機智的蘇秦、張儀憑著三寸不爛之舌，不停地遊說各國君主採用他們的策略，把天下各國國君說服的各個點頭稱是。他們以口才縱橫天下，被後世稱爲「連橫家」。

蘇秦的六國合縱

　　蘇秦與張儀都出自鬼谷子門下，跟隨鬼谷子學習縱橫之術。學成後，前往秦國遊說，結果潦倒而歸。隨後刻苦攻讀《陰符》，一年之後遊說列國，被燕文公賞識，出使趙國。蘇秦到趙國後，提出「合縱」的說帖，傳播六國抗秦的戰略思想，最終組建合縱聯盟，擔任「縱約長」，兼佩六國相印。蘇秦的「合縱」是由南向北的楚、魏、韓、齊、趙、燕六國組成聯盟，一起對抗秦國。最後，六個國家的君主均認可蘇秦，封他為宰相，並簽訂了「合縱」的文書，讓秦國暫時不侵犯六國。

漢武帝之怒

　　漢武帝要殺死自己的奶媽，奶媽著急地向東方朔求救。東方朔說：「皇帝正發怒，別人再來勸，妳死得更快了。妳臨刑時，只要屢屢回頭，我會想辦法刺激他。」奶媽按照他的話去做了，東方朔在漢武帝身旁對奶媽說：「妳應該趕快去死，皇帝如今已經長大了，怎麼還會記得妳當初給他餵奶時的恩情呢？」漢武帝聽了感動，赦免了奶媽的死罪。

激勵人心的語言

西塞羅的經典語錄

西塞羅（Marcus Tullius Cicero）西元前 106 年生於古羅馬的演說家、政治家。他的一句話足以啟迪人心與智慧，每一句話都可以影響人類數千年之久。他說：

· 一個勇敢的人，也就是滿懷信心的人。

· 勇氣就是對艱苦和痛苦的蔑視。

· 無知是智慧的黑夜，沒有月亮、沒有星星的黑夜。

· 教育的目的是讓學生們擺脫現實的奴役，而現在的年輕人正意圖做著相反的努力，為了適應現實而改變自己。

· 智者受理智的指導，常人受經驗的指導；而野獸受直覺的指導。

· 溫柔，但不要軟弱。

· 不願聽朋友說真話的人，是真正不可救藥的人。

· 我對於事業的抱負和理想，是以「真」為開始，「善」為歷程，「美」為最終目標。

約翰・甘迺迪（John Kennedy）就職演說

1961 年甘迺迪宣誓就職美國第 35 任總統。就職演說中說：

· 不要問國家可以為你做什麼，你應該要問自己可以為國家做什麼。

· 當我們表達感激時，千萬別忘了，感恩的最高形式不是說出的話語，而是實際的作為。

・改變是人生的定律。只專注於過去和現在的人，必將錯過未來。

巴拉克・歐巴馬（Barack Obama）的精彩演說

Say it like Obama

歐巴馬運用 2500 年前「經典說服法則」，完美複製「西賽羅說服 5 大要素」成功擄獲聽眾的心。用最復古而美好的方式：前言、敍述、分割、證明、反駁、結論來組織自己的演說。歐巴馬在自己的代表大會演說一開始，就建立起自己的人格：「這個舞台對我而言是非常不可能的。」

漂亮地使用謙虛手段，平順地將演說推入敍述階段。他向觀眾訴說父母親的故事，一位來美國求學的牧羊人和一位堪薩斯州少女相遇結婚。最後訴諸人性崇高的道德，將自己的人格特質與美國價值銜接在一起說：「此刻我站在這裡，明白我自身的故事就是一個更廣闊的美國故事的一部分。」他說：「這是美國的真正本質，一股存在人民質樸夢想中的信念。」接著歐巴馬很巧妙地分割前任總統小布希施政的不足之處。

好的政治演說家與群眾溝通時，會使用分割法來呈現正反兩面事件，以最熱情的語言來描述自己這一面的優點，分割對手的不足。適度點出對方的弱點，同時表達自己對於對手的錯誤感到萬分失望，藉此製造群眾的共鳴。然後舉證說明他有多少待辦事項必須進行。歐巴馬使用羅列清單法，訴說他身負重

責大任，準備爲國家好好奮鬥。結尾處歐巴馬簡要濃縮重點，呼籲群衆用行動支持他。他高喊「希望！」再用一連串的「and（然後）」來接受群衆的歡呼。他彩繪美好的未來，以此鼓舞群衆行動！

激勵大師安東尼・羅賓的名言

· 相信是一股偉大的力量。

· 喚起心中的巨人！相信自己做得到，眞實的你一定做得到！

· 當你能飛的時候就不要放棄飛！當你能夢的時候就不要放棄夢！

· 任何事情都影響不了我們，眞正能影響我們的乃是我們自己的認知。

· 任何談論都是沒有用的，只有去做才有用。

· 現在的生存狀態是過去十年所做的決定。

· 做了好的決定就會有好的結果。

· 沒有天生的信心，只有不斷培養的信心。

· 若非全身心投入，就不會有恆久的成功。

· 因爲我恐懼，所以我必須立刻行動——朝著想要的方向奔跑。

· 人生的命運取決於你看過的書和你所見的人。

拒絕卻不得罪人的藝術

你不想答應對方的要求，希望拒絕對方又不想得罪對方，如何回答的好？譬如有人向你借錢，你可以如此回答：

Yes-But 拒絕法

這是一般人常用的拒絕法，你說「我很想幫你的忙，但是很不巧我最近手頭也很緊」，這種拒絕法只能講一次，因為不可能每一次都那麼巧。

矮化自己拒絕法

富豪公子看上窮人家的千金，媒婆來提親，窮人家父親跟媒婆說：「有錢人家的門檻高，我們家女兒跨不過！請妳回去稟報老爺，感謝他看得起我們！」

鋸箭法

同樣一個拒絕借錢的案例，你可說：「不是我不願意借錢給你，是經濟環境太差，物價又上漲，大家都賺不到錢。」把問題丟給第三方，自己可以不用承擔責任，又能顧及雙方的面子。

需要一點時間拒絕法

不好立即拒絕對方，委婉地告訴對方：我需要一點時間思考。這時通常對方就會知趣地避口不再要求。

02

語言能力不只是口才好

語言代表你的思想

語言其實就是一個人的思想，知道什麼講什麼，如何看待問題講什麼。有見解的人，言之有物，缺乏見解的人，內容空洞。練口才，必須加強社會能力與認知能力。

語言傳達你的姿態

語言與口氣傳達你在溝通中的姿態，姿態深深影響溝通的氛圍，氛圍影響溝通的結果。家庭溝通一般人的口氣都比較自然，真情流露，但也因為未保持互相尊重的空間，彼此容易因為率性說話而產生語言磨擦。職場溝通必須互相尊重，所以講話的姿態比較低。當然也有一些優勢單位或個人說話習慣比較

霸氣的人，難免會出現職場霸凌的姿態。不論家庭溝通或職場溝通，三分維持相敬如賓的態度，七分維持就事論事的態度，這是比較不容易產生言語衝突的姿態，關係好會影響語言品質。

關係影響說話的態度

在 Podcast 錄製「溝通這一回事」時，主持人說聽友問她，為什麼她的先生對她講話總是粗聲粗氣，原因是什麼？我給的答案是「雙方關係不良，從改善關係開始，溝通口氣就會改變。」溝通其實就是雙方關係的呈現，從語言可以辨識雙方的關係。

能說話、會說話、說好話

很會聊天，人緣才會好，不僅能找到好工作、還能幫你找到好對象。有一則短片，影片女性主持人分享交友的技巧。她說「教你三招」讓你很快找到女朋友、職場發展順利、待人處世樣樣成功。她說：

第一招「能說話：讓自己很會聊天，贏得芳心。」

第二招「會說話：拓展交友圈，廣結善緣。」

第三招「說好話：藉由表達技巧在生活圈突出自己，成就人生。」

「讓自己很會聊天」，遇到自己喜歡的異性，卻不知怎麼開口？或是正要開口，卻不知道要說什麼？就算對方對你有好感，有一點喜歡你，也因為你不會聊天而尷尬收場。如何克服以上現象？首先你要學會選對話題，建議從三個方面選擇，第一是從對方身上選擇題材，談對方有關的話題、有興趣的話題、談對方的專長，展現你對那些與她有關話題的高度興致。讓自己很會聊天，是繞著對方關切的話題溝通，不要老是談論自己有關的事情，你說的口沫橫飛，別人聽的漠不關心。說話內容不能過於空洞，要有內涵、有趣，增加互動性。大腦裡面平時就要儲備方方面面的議題，讓自己面對什麼人都能侃侃而談。

　「社交溝通好人緣」有秘訣，學會製造話題引導對方發言，讓對方滔滔不絕論述，你聽的津津有味，及時附和對方的說法，表示一下你的看法，如此一來，你不擅長在公共場合說話的心理障礙就能排除。訓練口才三階段：能說話、會說話、說好話。訓練能說話也有三階段：先建立自信，再展現說話的魅力，再強化說話的影響力。

語言代表格局與人設

　話講出去很容易，但別忘了對方正在通過你的表達方式與內容在評量你的格局與人設，溝通要有幸福指數與成功學的觀

念，溝通是要促進彼此的認知，不是擴大彼此的衝突，溝通是要追求成功解決問題，不是製造更多失敗的障礙。

· 我實在不能接受某某某這種人，講話老是從鼻孔出來，我實在聽不下去。

· 客戶永遠是對的，這句話我不能認同，因為有的客戶很無理，真的很想扁他。

· 有人欺負你，避開他就沒事，真避不開，用慈悲對待人，用智慧處理事。

避免惡性螺旋上升

態度比口才重要

　　避免惡性螺旋上升，溝通的態度比口才重要的多。當有一方出現「只要我喜歡有什麼不可以」、「我就是要這樣說」的態度，惡性螺旋一定會上升。電視報導日本福岡一家拉麵店的門口貼出一張公告，禁止 18 歲以下年輕人進店用餐，因為店家屢次遇上 18 歲以下年輕人破壞該店規矩，時起口角衝突。店家要求年輕顧客依照店的規定坐什麼位置，年輕人屢屢回嗆：「我們是客人，為什麼不能選擇自己喜歡的位子？你憑什麼要我們聽你的安排？這一家店很無理耶！」新世代年輕人的言行比較任意、隨興、率性，突顯自我，不懂尊重他人，不願遵守社會規範。拉麵店老闆經過委婉勸告無效後，最終決定禁

止 18 歲以下新世代年輕人進店用餐，兩敗俱傷。

說話不能太隨性

　　天下雜誌創辦人殷女士曾說人性有三大限制：慣性、隨性、惰性。用在溝通方面，隨性最容易發生，亦可形容為「我行我素、口無遮攔」。你若是一個人單獨住在海上荒島，你可以隨性說話，兩個人以上溝通就不能太隨性，不宜耍脾氣。太隨性說話包括講幹話、傷人的話、鄙夷對方的話、洩氣話、汙衊人家的話、不負責的話、瞎編的話、塘塞應付的話。

一言既出，駟馬難追

　　溝通用語很重要，精準用語更重要。說話是生命的修行，觀察一個人的說話態度，聽他的說話方式、口氣與內容，大致可以了解那個人的處世哲學，待人態度，思想水平、心裡想法、說話的目的。常言道：「一言既出，駟馬難追」，一個人說出去的話不會在空氣中憑空消失，你說出去的話每一句話都在產生作用，所以溝通時說話要謹慎，避免事後更正或深感後悔。說話是生命的修行，要謹言慎行，避免傷人。

03

說與聽：你與我的距離好遠

語言的表達障礙

　　大陸劇《去有風的地方》，有一段情節說：「想他，見了面卻不知道怎麼說。」這算不算語言表達的障礙？兩個人溝通，不知道該說什麼？說了不知道是否正確？想說卻不知道該用什麼樣的修辭表達想法？這些問題一直困擾著許多人。溝通其實沒有那麼困難，也不需要擔心那麼多問題，勇敢講出來，不對再修改，很快你將學會進行適當表達的技巧；光擔心沒有用，像實驗課，嚐試看看，不對再修改。

爲何聽不懂對方說的話

聽比說更重要

「說」可以自主掌控，「聽」比較困難，要觀察對方的肢體語言，辨別對方的態度，聆聽對方的語意與口氣，判斷對方說話的眞實意義，同時選擇如何回應對方。說與聽都會犯錯，例如：

說話者講不清楚，顛三倒四，胡言亂語，不講實話，講幹話，言不及義；傾聽者無法專心，環境吵雜聽不清楚，聽不懂、假裝聽懂，不想聽，拒絕聽，誤解意思，故意扭曲原意⋯⋯溝通雙方不禁感嘆「你我的距離好遠」。

傾聽分三種層次

第一個層次是感官的聽（hear），不夠專注，容易出現有聽沒有到的現象。第二層次是傾聽（listen），用心在聽。第三層次是積極傾聽（active listen），不僅用心在聽，且全神投入，稱爲「傾聽五到」：眼到、耳到、口到、心到、手到。手到是傾聽後立即處理問題。發揮傾聽五到可以讓對方感受到你對他的尊重，樂意與你發展更密切的合作。學溝通一定要重視「傾聽」的技巧。

爲什麼誤會那麼深

發生溝通誤會的原因不外乎：

· 語意不詳：說話時無法講清楚。
· 誤用語詞：用詞不當引起不悅。
· 有意閃躲：有話不直說，故意讓對方猜測。
· 誤解意思：對方聽不懂，扭曲原意。
· 聽不懂卻假裝聽懂。
· 偏聽，用自己的主觀認知解讀對方所說的話。
· 講話不小心踩到對方紅線卻不自知，而造成問題惡化。
· 雙方有仇，故意扭曲對方的意思。

爲什麼誤會那麼深？話隨便講隨便聽，講話聽話不夠謹慎，累犯之後，誤會就加深了。

爲什麼「話總是講不好」

話總是講不好，大多數的原因是：

· 缺乏自信，不敢放膽講話，結果造成說話畏縮，吞吞吐吐，語意的不完整。
· 思緒紊亂，缺乏組織力，說話會出現跳躍式，雜亂無章的現象。
· 辭不達意，心中想的與說的不一致。

最基本的改善方法就是「一次只講一件事或一個概念」，表達時使用最簡短的句型「因為……所以」，只講自己熟悉的話題。

例如：我很喜歡看電影，因為可以看到無法親身旅遊的異國風景。

例如：我無法做出選擇，因為魚與熊掌無法兼得，我感覺十分為難。

例如：我希望獲得 VIP 優惠，因為我是貴公司的長期客戶。

聽不清楚，大多數的原因是：

一. 不明白對方的真正意思。

二. 不願意傾聽對方的敘述。

三. 主觀解讀產生誤解。

修辭代表你的態度

修辭不同，對方的感受度與接受度將不一樣。絕大多數的人溝通時都忽略修辭用語的影響力。譬如：

「我不認同你的看法。」

「我不太認同你的看法。」

「我認為你的看法不對。」

「我跟你的看法有所不同。」

第一句話斬釘截鐵地否定對方，讓對方失去立場，同時失去彼此融合意見的空間。溝通專家說話前，話到舌尖繞三圈，想一想，認為妥當則說出來，認為不妥當，就不要說。敏銳察覺自己說出那一句話會不會造成對方產生反作用力，是溝通專家的能耐。第一句話很容易傷害對方的顏面與感情。第二句話比較溫和，表達你不同意對方的同時，仍留給對方一點顏面與空間。第三句話直接刺中對方的心臟，出現對立的姿態。第四句話表示你尊重對方的看法，但你有自己的觀點，展現民主風度，尊重自由言論。

以上不同對話因為說話者的態度，聆聽者會出現相對應的反應：

「我也不會接受你的看法啊！」關係緊張，對方在心裡立卽反擊。

「沒關係！我倒要聽聽你有何高見！」關係緩和，對方願意提供討論的空間。

「有不同意見是正常的，我樂意聽聽你的不同看法！」對方頗具風度地接受。

溝通時，阻力愈少愈好，溝通專家能夠與人相處愉快，順利互動的秘訣在哪裡？會說話、說好話、好說話，給彼此留下空間是最技巧的表達技巧。我們來看看以下這幾句大陸網傳的「三觀超正的愛情句子」：

「順利的話我們結婚，不順利的話我們晚點結婚，我的意思是：我不想錯過妳！」真會講話的人，講到對方的心坎裡，這情景說與聽的兩人都沒有距離。

社會學的「三觀」包含世界觀、人生觀、價值觀。屬於溝通學認知能力的一部分，它通過語言表達呈現出來。溝通三要素的社會能力、語言能力、認知能力彼此互相關聯，互相影響。

心的寬度決定你的高度！商周執行長王文靜說「恐懼禁錮了很多人的狀態，克服它，人生就會很不一樣。」這句話送給對溝通心存畏懼的人是最棒的激勵！

距離越來越遙遠

許多人明明是為對方好，但過度關心說話過重，造成朋友間的距離越來越遠。《菜根譚·概論》提醒世人說：「攻人之惡勿太嚴，要思其堪受；教人以善毋過高，當使其可從。」意思是：指責別人時，用詞不宜嚴苛，要考慮對方是否能夠接受，否則面子受不了，好意也會變成惡意。勸人為善時，態度上不要苛求過高，要考慮別人是否能夠做到，否則你的好心變成別人的壓力。做人不容易，為了對方好還要小心翼翼維護對方的尊嚴。

培育自己成爲溝通高手

全方位口才的基礎在單向表達，其次是雙向溝通，溝通的目的在說服，說服不成再運用談判。單向表達有兩個目標：第一、說話要說到受人歡迎，第二、說話要說到受人敬重。

受人歡迎的公關口才

溝通的詞彙

同樣一句話，修辭不同，口氣不同，表情不同，效果差上十萬八千里。例如：

第一句話：我不接受你這種說法！

第二句話：請你改變另一種說法！

第三句話：你可以不要這樣說嗎！

第四句話：你是否可以考慮另外一種說法。

以上四句話的說話目的都一樣，該怎麼說？用哪一種辭彙比較能讓對方接受而達成你的溝通目標？你只要換位思考就能自己找到答案。溝通能不能達成效果，60% 的因素在態度。

PERFACT 受人歡迎公關口才

美言一句三冬暖，惡語一言六月寒。上一篇討論社會能力時，已經說明好的人際關係是高效溝通的基礎，只要常用公關口才 P-E-R-F-A-C-T 七項表達技巧，溝通的社會能力必能獲得提升。

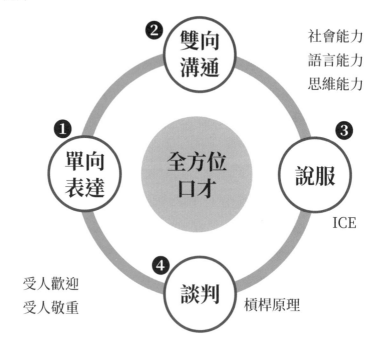

- **Polite 謙恭有禮**

  說話常用謙讓語促進友善關係，謙讓語可提高對方對表達內容的接受度。養成習慣常說：「請」、「謝謝」、「對不起」、「麻煩你」、「不客氣」、「是否可以」等徵詢語。

- **Evaluate 塑造對方的價值**

  說話要做到口吐蓮花，香水灑在別人身上，自己聞起來也會香。大方讚美對方，肯定對方，推崇對方，說出對方的獨特價值。一位媽媽幫忙家人煮了二十幾年的飯，從來沒有人讚美她做的菜好吃。那一年兒子當兵第一次休假回家，吃飯時脫口而出說：「有阿娘煮的味！」媽媽聽後十分安慰，自我讚許說：「到今天你才知道媽媽煮的好吃！」兒子的一句讚美，化解媽媽多年下廚的辛勞，愛要勇敢說出來，讚美也要勇敢的說出來。

- **Respect 尊重對方不同的意見**

  人際溝通極需雙方彼此尊重。尊敬對方的人、尊重對方的意見、尊重對方不同的想法。人被尊重，基本上都會好好的回饋。

- **Familiar 熟稔、親近關係**

  胡志強先生在外交部長任內訪問馬其頓一個小鎮，他準備向陌生的鎮民進行演說。他微笑、熱情地問候在場聽眾，再請問他們：你們回家之後會先怎麼樣？全場回答：脫西裝！於是胡部長把那個小鎮當家，當場就脫起西裝來。

然後再問：下一個動作呢？大家說：拔領帶！於是他又脫下他的領帶，將全場聽眾的情緒激盪的非常沸騰。會後，鎮民對胡部長留下非常深刻的印象。

因為這位遠來的、第一次見面的台灣朋友，非但熱情洋溢，而且讓他們感覺一點也不陌生。拉近距離，製造熟稔與親近關係的口才技巧是「speak the same language」，具體用法包括：說相同的母語、用相同的修辭、做相同的動作、談對方有興趣的話題、說對方關心的話題、談對方的專長、講相同立場的話。

- **Attractive** 吸引力

  說出獨到的見解，談吐風趣而睿智，引導對方看見未來，重視對方的利益。

- **Care** 關懷對方

  尊重對方的立場、為對方設想、重視對方的感受。

- **Thank** 感謝對方

  隨時感謝對方的支持與合作。

受人敬重的思維口才

說話要有內容、充實

不知道要講什麼？不知道講的好不好？總覺得自己的溝通內容很空洞。後面馬上教你如何改善。

說話要受人敬重

受人敬重的思維口才具備兩項特質：言之有物、見解獨到。如何讓自己溝通時能夠言之有物？使用心智圖發想，收集許多表達的素材之後，去蕪存菁，使用魚骨圖或樹狀圖將素材組織化、結構化、邏輯化，然後排出重要性的順位，取其傑出獨特的亮點，講起話來就能讓人眼睛一亮，受人敬重。

例如：如何發揮企業執行力？你可以這麼說：第一個階段，先做好人員流程、再做好策略流程；其次，做好營運流程；結論：企業執行力的三大流程為人員流程、策略流程、營運流程。

例如：如何化解衝突？你可以這麼說：第一個階段「求同存異」，第二個階段「異中再求同」，第三個階段「尊重差異、擱置差異」。

例如：成功是努力達成自己的目標，傑出是與別人比較而勝出，卓越是為社會做出貢獻。

突出你的溝通亮點

如何突出說話的亮點？例如有問你「人生什麼最重要」？多數人可能會列出……。家庭、事業、夢想、財富、地位……最重要。你可以這麼思考。西元前四世紀所羅門王說「人生有三富：1 健康、2 智慧、3 財富。」心理學專家佛洛依德說「人

生所爲爲何？一爲愛而活、二爲工作而活。」回答人生什麼最
重要的提問，你可以回答：健康最重要，其次是智慧，第三是
愛，第四是工作，達成以上四大目標就已經創造了財富。健康
是財富，智慧是財富，愛是財富，工作是財富。你若這樣說，
是否算是有亮點呢？

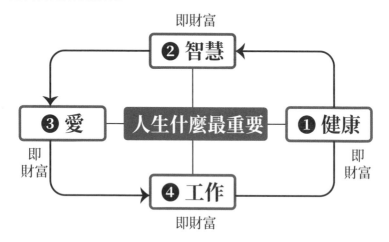

豐富內容、邏輯力與組織力

運用工具圖表幫助你思考，發想概念，避免天馬行空，溝
通時不知所云。

九宮格（曼陀螺）

小組腦力激盪時，取一個主題，例如討論「企業競爭如何
建立優勢籌碼？」。

大家開始發想提供點子，這些點子就是溝通表達內容的原始素材，避免說話空洞。至於爲什要使用九宮格？因爲運用圖表工具才能逼出個人或小組絞盡腦汁想出 9 個概念，若不使用九宮格，動腦筋的壓力馬上降低，草草了事，內容不足。使用九宮格幫助你刺激大腦尋找概念，例如：如何讓自己變成有錢人？如何成爲人生勝利組？如何提升企業人力資源品質？如何提高產品價值？如何改善婚姻關係？如何幫助孩子成績進步？併購企業要考慮哪些因素？

　　如何因應地緣政治的危機？……溝通專家必須也是解決問題專家，不僅能全面思考問題，還要快速列出九個解決問題的方法。

・例如：「降低生產成本的對策」的構思技巧與表達法

提高採購 議價能力	訂貨一年 按月交貨	延長採購 支付票期
分散採購 供應廠商	每年增加 新供應商	遠期外匯 降低風險
採購合約 綁定成本	簽訂長期 優惠合約	提供產能 提供良率

降低生產成本的對策

「蓮花九宮格」的構思技巧與表達法

九宮格適用於簡單的思考，若需要運作複雜的思考，建議使用蓮花九宮格。例：

主題：建設桃園國際機場為五星級的國際機場，有八大議題，依出境旅客的作業流程進行管理規劃。第一階段是聯外交通，聯外交通想出八個旅客進入機場的八種服務需求。第二階段是迎賓大廳，迎賓大廳應該具備哪些服務功能才能滿足旅客與送客者。第三階段是航空公司櫃台報到作業服務與行李托運，大家要思考如何安排才能讓旅客們滿意。

第四階段是證照檢查，第五階段是行李安檢，第六階段是免稅商店服務區的規劃，第七階段是候機室服務規劃，第八階段是危機處理，遇到班機延誤、氣候不佳無法起飛時的危機管理。運用蓮花九宮格可以幫助你進行邏輯思考，做好完整的表述，避免開會討論時，無法完整的報告。口才好必須事先做好資料收集，才能滔滔不絕地論述。

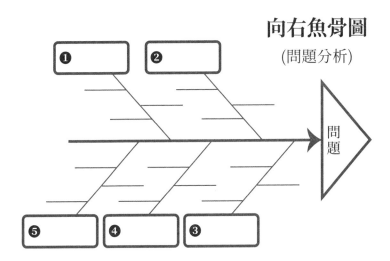

蓮花九宮格

	❶			❷			❸	
			❶	❷	❸			
	❽		❽	主題	❹		❹	
			❼	❻	❺			
	❼			❻			❺	

・「魚骨圖」的構思技巧與表達法

向右魚骨圖

(問題分析)

❶ ❷

❺ ❹ ❸

問題

· 樹狀圖

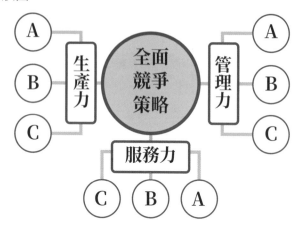

繪製樹狀圖的技巧

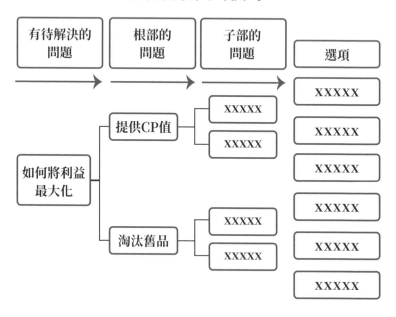

學會使用以上各種結構圖。幫助你尋找觀點，充實表達內容，讓內容組織化，溝通時便能呈現「言之有物」、「見解獨到」，令人眼睛為之一亮，讓你的表達受人敬重。

完整的演說結構

擁有豐富的說話素材之後，建議使用火箭圖幫助你自己創造精采的演說內容。

開場華麗如「鳳頭」

火箭的頂端三角形在國文作文寫作技巧中稱為「鳳頭」，文章開頭一定要精彩，華麗驚豔，引人注目。震撼聽眾，吸引聽眾注意聽你的說話的開場白有破冰與破題兩手策略。破冰的聲調與表達內容是為了引起聆聽者的興趣與注意力，通常破冰的說話內容都與演講當時的環境元素有關；破題的說明是為了吸引聽眾注意、賦予對方專注聽講的動機。

內容豐富如「豬肚」

文章與演講內容要像「豬肚雞」料理一樣，充實有料，引人入勝。演講的內容來自魚骨圖、蓮花九宮格的內容。

結尾有勁如「豹尾」

演說結尾要像草原上花豹快奔時的尾巴一樣有勁，不可草

草結束。精彩的演說結論必須包含「雙結」：一是結論、一是結束語。好的演說，結尾有勁，振奮人心，令人回味無窮，同時留下影響力。簡短提醒聽眾你的核心論點與演說重點，用感謝、希望與祝福做為結束語，留下回憶與影響力。

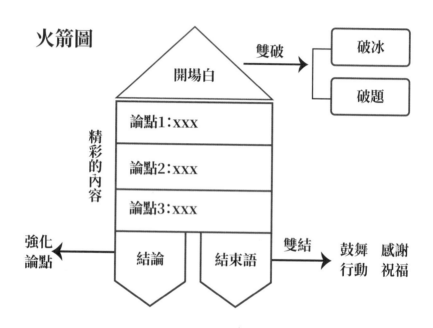

因人而異的說話態度

跟主管溝通要尊重他的威嚴，用詞遣字要用敬語。跟長輩溝通要尊重他的資歷，用詞遣字態度要敬老尊賢。跟女性溝通要注意性平法、敏感性、情緒。跟男性溝通要注意他的自尊、

面子。跟學齡前孩子溝通要注意他的無知，要使用他聽得懂的幼稚語言。跟叛逆期的青少年要包容他說叛逆的話，叛逆挑戰是青少年學習獨立自主的必經過程。

大師級的幽默口才

看淡問題就能幽默

無法展現幽默的原因

　　無法展現幽默的原因是你的個性太嚴肅，把問題看得太嚴重，怕控制不住場面，因此不敢開玩笑，開不起玩笑，怕玩笑不好笑。此外，缺乏跳躍式思維與跳 tone 的思維，無法產生幽默感。想法太規則化、邏輯化，沒有意外，自然無法突發奇想，無法腦筋急轉彎，不敢倒過來看世界，當然缺乏幽默感。

溝通中的幽默有三種：

　　第一種：自己開玩笑自己會笑。

　　第二種：別人耍幽默，你懂得欣賞別人的笑話。

　　第三種：把自己當成話題用來開玩笑。

幽默哪裡來？

許多人想學幽默卻不得其門而入，幽默是一個人的性格與特質，可以說幽默是天生的人格特質，嚴肅的人不可能說話幽默，腦筋走直線的人，也不可能製造幽默。幽默的人希望用幽默呈現自己的生命態度，同時希望透過幽默與外界維持良好的人際關係。

幽默哪裡來？第一要培養自信，第二要培養機智，第三要培養趣味性思考。缺乏自信必缺乏機智，缺乏機智必無法幽默。所以經常練習趣味性思考，勇於說出口，慢慢你就學會幽默對話。例如：妳走在人潮洶湧的商店街，高跟鞋斷了跟，妳將如何處理？請使用輕鬆態度進行趣味思考並創造 3 個幽默答案。

幽默的禁忌

什麼時候可以幽默？什麼時候不宜幽默？幽默要看場合、看對象、看時機，幽默表現過頭會傷到人，幽默當下要看對方是否能接受，以免自討沒趣。幽默說的不適當會被人當成肉麻或認為你眼瞎不識時務。

幽默產生的過程：

甲：我不快樂。

乙：可能因為你沒有錢。

甲：可我發現有錢也不見得會快樂。

乙：那是因為你的錢不夠多。

甲：若我有很多錢還是不快樂呢？

乙：那我們會很快樂！

幽默的力量

與星雲法師對話

　　星雲法師在電視上演講自述，說他生病、開刀出院後有信徒去探望他，信徒問法師說：「大師，您也會生病喔？您也要開刀喔？是不是您也做錯了什麼事？」此時，台下的聽眾，莫不哄堂大笑！星雲法師福泰的臉總是笑臉迎人的。演講會上他說：「其實，生病是一件很好的事，因為，平常每個來看我、或打電話給我的人，都希望我多講一些話、多給大家一些解答；可是，這次我生病了，每個來看我、或打電話給我的人，都叫我『少講話、多休息』，你看，生病不是很好嗎？」聽完，台下信眾又是一片爆笑聲。星雲法師是一位非常「幽默、風趣」，常會「自我解嘲」的人。他總是用真心、用真情待人，很自然地在跟信眾談人性、說故事、說佛法。

印度聖雄甘地

　　在倫敦學法律的時候，威爾遜教授非常不喜歡甘地，總

是對他表示出偏見和敵意。有一天威爾遜教授在校園餐廳吃下午飯，拿著餐盤的甘地坐到教授身邊，教授開口說：「甘地先生，你不明白，豬和鳥是不能坐在一起吃飯的。」甘地看著他回答說：「教授，你不必擔心，我馬上飛走。」說完走到了另一張餐桌。威爾遜教授氣的滿臉通紅，決定下次考試好好報復他，可是甘地所有的答案都很完美。

威爾遜教授因此十分鬱悶，便問了甘地一個問題：「甘地先生，如果你走在大街上看到地上兩個包裹，一個裝著智慧，另外一個裝著很多錢，你會選擇哪一個呢？」甘地毫不猶豫的說：「當然是有錢的那個包裹。」威爾遜教授諷刺的微笑說：「我若是你就會選擇智慧。」你知道嗎？甘地聳聳肩淡定的回答說：「每個人都會選擇自己沒有的東西。」威爾遜教授顯然缺乏還擊之力，在盛怒之下，他在甘地的試卷上寫著「白痴」，然後把試卷交回甘地。甘地拿到試卷後，禮貌地請求：「威爾遜教授，你在我的試卷上簽了名，但是你沒有給我評分！」

愛因斯坦與司機

愛因斯坦的司機很認真，每一場愛因斯坦的演講，他都在台下聆聽。有一天他跟愛因斯坦說，你講的我都會了，哪一天我代替你上台去演講。愛因斯坦心理很不平衡，於是說「好啊！那改天你穿我的衣服上台去演講，我穿你的衣服在台下當

司機，這樣你敢不敢？」司機說：「好呀！試試看。」於是有一天司機穿著愛因斯坦的衣服上台去演講，從頭到尾講了一遍，講得很好，聽眾在台下一直鼓掌，然後有一個觀眾問了一個很深入、很專業的問題，愛因斯坦心想：「呵呵！這下子司機下不了台了！」沒想到司機竟然說：「你這個問題太簡單了，為了證明它有多麼簡單，我叫我的司機上台回答你。」

家庭幽默

如何分辨公與母

太太在廚房中，看到先生拿著蒼蠅拍。太太：「你在幹嘛？」先生：「打蒼蠅！」太太：「打到了嗎？」先生：「打到三隻公的，兩隻母的。」太太：「你如何區分公的母的？」先生：「三隻在啤酒罐上，其他兩隻在電話上。」

嘴巴閉起來

一對夫婦在河邊釣魚。老婆總是旁吵個不停，一會兒魚上鉤了，老婆說：這魚真可憐！老公冷冷的說：是啊，只要閉嘴，不就沒事了嗎？這老公在指桑罵槐，雖然幽默，但心胸有待加大。

簡報者常有的盲點

許多人努力準備很多簡報資料，但上台溝通後的效果卻是反應不佳，簡報必須避開以下盲點：

解說者懂得太多、太少，都會導致無法清楚說明一件事

物理學家愛因斯坦說：「如果你無法簡單說明，就代表你不夠透徹了解。」（If you can't explain it simply, you don't understand it well enough.）相反地，解說者懂得太多，結果陷入「知識的詛咒」（Curse of Knowledge）。還有一種狀況是解說者講的內容與聽眾無關。溝通大師卡曼·蓋洛（Carmine Gallo）曾擔任微軟、Google 等企業的演講教練，他說數據與事實雖能說服聽眾，但動人的故事才能讓人起立鼓掌。

因此好故事是一切溝通的核心，不管是推銷構想，傳達理念，爭取選民支持，甚至只是哄小孩睡覺，擁有好故事都是最

重要的資產。例如「爲台灣而教」（TFT）基金會創辦人劉安婷受邀在成功大學畢業典禮演講，她以兩個影響她很深的故事來說明想法。一個是她去監獄當老師，裡面最難教的老大後來反而成爲她最好的老師，教會她思考：「我爲什麼來，憑什麼站在這裡。」

另一個是原本編在「流氓班」的小學生，因爲基金會老師的不放棄，最後成爲美術資優生，並以最優異的成績畢業。這兩個故事讓劉安婷體會到有很多孩子並沒有機會受教，因此學生能拿到畢業證書其實是很幸運的。於是鼓勵成大畢業生們找個機會問自己：「我拿這幸運，做了什麼？」期許畢業生們能找到一處值得耕耘的地方，放開手把自己的一點幸運種下去。而這場演說也引起熱烈討論，達到發人深省的效果。

TED 演說有秘訣

價值定位：Ideas worth spreading

　　TED 的價值定位為「傳播有價值的知見（Ideas worth spreading）」，這是 Ted 為何每一場演說都很精采，都能吸引廣大觀衆收視的原因。TED 每一場演說都深深吸引著聽衆，演講者說話時，音效特佳，用詞絲絲入扣，沒有贅語，描述精準，交待清楚，說對方想聽的，而不光是自己想說的。TED 的成功絕對不是偶然。除了主題有價值之外，適當 speaker 的挑選，舞台場景的佈置、燈光的視覺設計、精簡的時間規劃、演講者的第一人稱表達策略，露出笑容與笑聲的輕鬆自信態度，都十分引人入勝。TED 擅長使用感性訴求包裝理性的議題。

探索時間和記憶的藝術

以藝術家莎拉‧史（Sarah Sze）那一場「探索時間和記憶的藝術」演講為例，她帶觀眾走進她的作品中享受千變萬化的旅程。像建築物一樣高的身臨其境的裝置、牆壁上飛濺的油彩、環繞著畫廊的軌道……它們模糊了時間、記憶和空間之間的界限。莎拉在這次體驗式多媒體藝術之旅中，探索人們如何賦予萬象意義，引領觀眾體驗一場特殊的心靈探索並擴大觀眾生命的視野。

樂在工作的秘訣

紹恩‧阿克爾（Shawn Achor）在一場「優質工作的快樂秘訣」中指出：我們相信工作會帶來幸福快樂，但是能不能反過來想呢？心理學家阿克爾在節目 TED x Bloomington 中以緊湊又有趣的演說主張：其實是「快樂激發生產力」。這一段演說創造 25,299,591 人的網路點閱率。Ted Talk 的確落實他們的創立宗旨「Ideas worth spreading」，更將公眾溝通的技巧與影響力提升到最高的境界。

公衆演說的 9 個秘訣

公衆演說的 9 個秘訣

如何在公開演講場合呈現你的創意和想法？Ted Talk 提供一套「掌握 18 分鐘原則：演說的 9 大秘訣」給社會大衆。

美國溝通專家卡曼・蓋洛（Carmine Gallo）在《跟 TED 學表達，讓世界記住你》（Talk Like TED）一書中針對上百場的 TED 演講進行的科學化分析，並歸納出成功演說的 9 大秘訣。

秘訣 1：釋放內在的大師

秘訣 2：掌握說故事技巧

秘訣 3：輕鬆地展開對話

秘訣 4：提供新知

秘訣 5：設計令人驚喜的橋段

秘訣 6：放輕鬆

秘訣 7：嚴守 18 分鐘原則

秘訣 8：運用多重感官體驗

秘訣 9：走自己的路

非暴力語言：愛的語言

馬歇爾・盧森堡（Marshall B. Rosenberg）

　　風行全球的《非暴力溝通》指出透過理解我們在情緒系統運作的共同規則，重新以對話建立關係，包括人際關係、親密關係和與自己的關係，讓每一天的生活更有活力！作者馬歇爾・盧森堡是一位臨床心理學家，他倡導的「非暴力溝通」爲社會作出極大的貢獻，讓他獲得了地球村基金會頒發的「和平之橋」獎。「非暴力溝通」中文版書名爲《愛的語言——非暴力溝通》是一套溝通的方法與技巧，可應用於三個領域：

　　領域一：透過非暴力溝通來表達自己

　　領域二：透過非暴力溝通來理解他人

　　領域三：透過非暴力溝通來愛自己

「非暴力溝通」建議人們在聆聽過程中不要提出評論，試圖只說出你對對方「觀察」的描述，這個觀察不能依自己的主觀標準評論，若依自己的主觀標準觀察對方將容易出現批判心理。像薩提爾的對話技巧，使用客觀尊重的立場，運用好奇心問話方式與對方進行溝通，避免批判、辱罵、指責、埋怨。「非暴力」一詞來自聖雄甘地，指的是「暴力消退後，自然流露的愛」，因此這一種溝通方式也被稱為「愛的語言」。「卡耐基溝通技巧」與「非暴力溝通」兩者有相通之處。

「非暴力溝通」必須具備 4 個要素

　　去除溝通過程會造成彼此傷害的成分，同時又能達到有效的溝通目的，讓雙方的真實心意相通，這就稱為「非暴力溝通」。

　　我上 Podcast 節目分享「溝通這回事」、「化解夫妻溝通衝突」兩個主題，主持人問為何她向老公提問時，老公總是回答「這個也不知道？」「不是這樣，難道是那樣？」她說老公溝通的語氣為何總是帶著暴戾之氣，為何他不能心平氣和地回答老婆的問題。我的回答是夫妻之間缺乏愛、關心、尊重、責任、體恤等五個要素，對話隨時會冒火星。我建議她做到兩件事：

　　一、定期掃除婚姻的灰塵。二、傾聽對方的期待。不要埋頭努力做與對方期待不符的工作。夫妻吵架都是因為「愛變

薄了」、「尊重變少了」。例如妻子看見丈夫把穿過的襪子亂丟，她可能會破口大罵：「你這個懶鬼！」這時，丈夫雖然知道自己有錯，但他認為因此稱他為懶鬼就太過分了，於是他回應道：「你知道我工作有多辛苦嗎？」接著妻子也不服氣地回嗆：「你辛苦，我不辛苦嗎？」這就是錯誤的溝通方式，再嚴重一點，可能就出現暴力語言。正確的溝通方式是什麼樣的呢？馬歇爾‧盧森堡在書中提出「非暴力溝通模式」有 4 個要素：

‧要素 1「觀察」

‧要素 2「感受」

‧要素 3「需要」

‧要素 4「請求」

參加過學習的人應該都知道四個要素的內涵。

首先，留意發生的事情。我們此刻觀察到什麼？不管是否喜歡，只是說出人們所做的事情。要點是，清楚地表達觀察結果，而不判斷或評估。

接著，表達感受，例如受傷、害怕、喜悅、開心、氣憤等等。

然後，說出哪些因素導致那樣的感受。一旦用非暴力溝通誠實地表達自己，前 3 個要素就會得到體現。例如一位愛乾淨的母親對兒子說：「孩子，我看到客廳桌子下的 2 隻髒襪子，

我不太高興，因為我喜歡保持家中整潔。」然後母親提出非暴力溝通的第四個要素「具體的請求」說「你是否願意將襪子拿到房間或放進洗衣機？」這樣子的溝通方式，明確告知對方母親期待兒子採取何種行動來滿足家裡整潔的要求。母親的表明正確實踐「非暴力溝通」的四個要素。母親若只是爭吵與糾纏不清，不僅惡化關係，更不能決問題。

盧森堡倡導「非暴力溝通」，消極面避免雙方出現言語傷害，積極面將自己的真實需求表達出來，而且更能促使對方滿足自己的需求。要更好的掌握「非暴力溝通」，我們需要深入逐一剖析觀察、感受、需要、請求等 4 個要素。

・步驟一：不給予評論，只試圖說出「觀察」

看到、聽到什麼，都不先做評論、批判，只說出具體的客觀事實。這需要涵養，一般人看到不如己意都會立即批判，請避免被情緒勒索，冷靜理性說出客觀的事實。例如：我看到你把一雙髒襪子丟在客廳桌子下面。

溝通要避免看到現象就直接批判對方，例如：批判兒子是「懶鬼」。

・步驟二：說出我的「感受」

忠實地說出自己對看到的、聽到的現象的感受，而不是做出評論。例如：我看到你亂丟髒襪子「感覺很沮喪」，而不是說「媽媽認為你不應該亂丟髒襪子」。至於忠實說出感受會不會變成對方攻擊你的致命點？盧森堡說不會，他說坦承

說出內心感受，反而可以讓對方了解他製造了哪些問題或麻煩。

· 步驟三：明確提出你的「需要」

讓孩子清楚你需要什麼，例如：我需要你幫忙維持這個家的整潔。

· 步驟四：清楚表明你的「請求」

提出明確的請求，清清楚楚指引對方合作的方向。避免自己期待落空而生氣，或者對方搞不清楚你在鬧什麼脾氣。例如：以後穿過的襪子要放在待洗的衣服籃子裡，你可以做得到嗎？

09

駕馭難纏的溝通者

跟反對你的人溝通

　　跟反對你的人說話，先在自己的大腦中下一個指令：

· 有反對意見是正常的

· 他有權力提出反對

· 他反對的是事情，不是反對我這個人

· 通過溝通整合，最後一定可以化解他的反對

跟講幹話的人溝通

　　政府官員有時候工作壓力大，難免也會講幹話，譬如嫌口罩貴的人，可以不要買！如何進行有效溝通？不妨請官員就事論事說明高價的原因，缺貨的理由，排隊排那麼長的原因，如何解決問題的對策。職場也是一樣，遇到講幹話的主管，部屬要控制自己的情緒，不要出現情緒影響工作。

與針鋒相對的人對話

網路流傳一則針鋒相對的有趣對話。大學圖書館裡，一個男孩子問一個女孩子：「請問妳旁邊的位子有人坐嗎？」女孩故意高音調說「不！我不想與你上床！」圖書館裡的學生全都抬起頭來看著那位男生，他一時感覺尷尬極了。過了幾分鐘，女孩走到男孩的旁邊悄悄說「我是『心理系』的。我非常懂男人都在想什麼。那麼多位子你不坐，偏要坐我的旁邊。怎樣！我可沒有冤枉你吧！」女孩才說完，男孩忽然大聲說道：「一次 8,000 元？妳以為妳是誰啊！」全場學生全部驚訝地看著那女孩。男孩站起來對已是面紅耳赤的女孩低聲說：「我是『政治系』的，學政治的非常懂得如何摧毀一個人。」

避免對抗效應（antagonistic effect）

溝通者不能像刺蝟，溝通中出現彼此批判稱為對抗效應、反協同效應，聆聽者對表達者的意見採取批判態度，表達者被刺激之後一定會跟著對抗、反駁，雙方的溝通立即變成爭吵。溝通者要有正確的心理建設，有矛盾才需要溝通，這是溝通的基本態勢。

講話與用詞不要太隨性

多數人溝通引起衝突的主因是說話太隨性，太率性，口無遮攔，講話不修飾，想怎麼講就怎麼講；結果不是傷了人，

就是引起反感，與人衝突，這時候才開始滅火。話到舌尖繞三
圈，忍一忍修百年身。

Chapter 6

溝通三要素（三）：

認知能力

01

認知能力是溝通的核心

人的一生是認知的總合

　　若說「人的一生是認知的總合」一點都不爲過，每一個人都擁有經營自我生命的主宰權，他人無法置喙，本節要分享的概念是「認知影響一個人的溝通與一生的結果」，大家不妨檢視自己的各種認知對人生、家庭、事業、社區、社團⋯⋯到底是助力還是阻力。

　　舉例來說，成功到底如何定義？富有到底如何定義？這裡的定義就是認知，認知分個人的認知與社會的共同認知，不同時代有不同的認知，古代說「女子無才便是德」的認知已證明是弱化女性角色功能的時代認知，又說「男主外女主內」，這些都是從前時代的認知。現在「女力時代」女男平等，女性的能力已證明可以擔任企業 CEO、總統，認知必須隨時代而調

整。從前一位拾荒老人，一存到錢就捐來希望能蓋一座圖書館給孩子們讀書，民國 79 年為了紀念王貫英先生之義風義行，台北市政府將古亭分館更名為王貫英先生紀念圖書館，設置紀念室及紀念園。一個簡單而堅持的人生認知，造就王貫英先生平凡的人生成為永恆的價值。

陳樹菊女士也是一位令人敬佩的「從平凡中看見偉大」案例，她將賣菜辛苦賺來的錢奉獻給需要的人，她的認知變成信念，信念使廣大的社會大眾受益。

一位政治大學地政系畢業的陳同學，他投入都更營造事業發了大財，可惜的是太太因生病不幸早逝，陳同學於是捐贈 500 萬元購置一輛救護車以太太為名讓太太能遺愛人間。消極感嘆生命短暫與積極捐款遺愛人間是兩種不同的認知，如何看待問題，每一個人都有選擇權。認知的選擇影響人際溝通的和諧或衝突，同時影響生命價值的高低。

人生路迢迢，出生時各有八字，但後天的認知可以改變先天的八字，請留心注意現在的你正在想什麼，多多注意自己的念頭，念頭最後將形成你的認知，正確積極的認知能改變一個人的命運。我們常常感謝生命中的貴人，但有沒有想過：「誰走進你的生命，是由命運決定；誰停留在你生命中，卻是由你自己決定。」其實，你自己才是自己生命中的貴人，你不貴就不會有貴人。

你說的話就是大腦的認知

俗語說：「狗嘴長不出象牙」，意思是說壞心眼的人說不出好話來。溝通說出來的話代表一個人心裡想的，大腦認知的。心智、認知、信念構成一個人說話的內容。我與人溝通時，從來不曾只聽他表面上的語言，而是深入思考這個人為什麼會這樣說話？他的腦袋裡面裝了什麼？他當下是使用哪一種心態與我溝通？嘴巴說的話等於大腦裡的認知，人際關係融洽與否會影響一個人說話的態度，認知程度會影響一個人說話的內容。溝通時要特別關注對方的身體語言與口氣，那代表他的溝通態度，同時要聆聽他的修辭用語，那代表他對問題的認知。

認知容易犯的錯

此一時彼一時

認知隨著時代的巨輪不斷在變動，人的大腦在高速度競爭時代（hyper competition），必須跟著與時俱進，不可固化。譬如新商業模式將顧客服務從人員服務帶入自動化服務，服務標準與顧客滿意度的認知與過去截然不同。人際溝通要面對 X 世代 Y 世代 Z 世代，每一世代的認知、心態、言行都不一樣，人際溝通要擺脫固化的認知、固化的態度、固化的說法。網路這一陣子流傳一篇文章〈媽！這不是妳的家！〉，赤裸裸地告

訴身爲媽媽的人，多年媳婦熬成婆的觀念已經過去了，現代的認知是養兒不防老，媽媽對兒子與媳婦的家庭生活方式不能指指點點，未來兩代之間的家庭溝通，老一代不妨順應時序演進，多多配合年輕一代的不同認知。

加班的不同認知

從前的公司一聲令下全員日夜加班，大家體恤經營不易，主僕如一家人，全員都願意爲公忘私奉獻加班，又有錢賺。現代的公司要求員工加班必須遵照勞基法，員工不談體恤不體恤的問題，一切照章行事；主僕是契約關係，員工不願意爲五斗米折腰。以上兩種情境都是正確的認知，時代不一樣，古代的主僱關係講情，現代的主僱關係講法，就這一點認知不同。

眼見不爲眞

心中有成見會造成認知的固化，唯有使用愼重態度處理認知不同問題，方可避免產生雙方誤解。舉一個眼見不爲眞的案例爲大家說明。單親家庭的母親很高興兒子終於結婚了，度完蜜月回來的隔天下午，公司有事把兒子找去現場處理問題，傍晚時分，婆婆想了解媳婦到底會不會煮東西，便要求媳婦下廚煮一鍋小湯圓試探她。媳婦不會煮湯圓，她眼睛餘光看見婆婆在廚房門口監視她，開水已經燒開了，她硬著頭皮只好把一盒小湯圓全數倒下鍋，正在心慌湯圓怎麼樣才算煮熟時，一顆湯

圓浮上水面來，她試吃一顆，發現湯圓熟了會浮上水面，再試吃2顆，結果確認她會煮湯圓了，她拍拍胸告訴自己「我學會了」。

兒子很快也回來了，媽媽跟兒子說，你娶的這一房媳婦是「貪吃媳婦」。兒子回媽媽「不會吧？您怎麼確認的？」媽媽說：「我親眼看到她煮湯圓，浮上來一顆就吃一顆。」兒子問媽媽有沒有跟媳婦溝通過？媽媽說：「那還要問？我都親眼看到的，眼見為真！」於是兒子找來媳婦跟媽媽一起溝通，媳婦笑著跟婆婆說：「媽媽誤會我了，我因為不會煮湯圓，就試吃三顆看看，學會後我就沒再吃了，您看！整鍋還滿滿的。」媽媽感嘆說：「喔！眼見不為真。」

其實您不懂我們的心

考試快到了，班導師告訴全班同學說：「這堂課改成自習課，讓你們多一堂課好複習功課，準備下禮拜考試，老師先回辦公室處理一些公文，你們不能吵，不能講話，安靜專心看書。」結果不到五分鐘，老師折返回來教室，看到同學們吵成一團，老師說她很失望，同學們都不聽她的話。班長在台上說明：「老師您誤會我們了，我利用時間趕緊主持一下臨時班會，我們正在熱烈討論下禮拜一如何幫老師慶生，該送老師什麼禮物比較好，同學們正七嘴八舌在討論這件事。」老師說：

「喔！眼見不爲眞！老師不懂你們的心。」老師說，你們還是以考試爲重，不要煩惱慶生這件事。

02

溝通衝突 60% 來自「認知不同」

誰對？誰錯？

溝通衝突原因 60% 來自認知不同，20% 來自人際關係不佳，20% 來自語言不合引起的衝突，認知不同因素佔溝通衝突的百分比最高。

你看到了什麼？

看完這個圖形之後，請回答「你看到了什麼？」

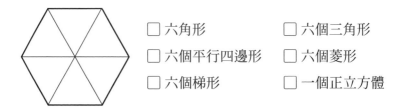

☐ 六角形　　　　　☐ 六個三角形

☐ 六個平行四邊形　☐ 六個菱形

☐ 六個梯形　　　　☐ 一個正立方體

哇！一個客觀的圖形，有這麼多主觀的解讀，每一個人的認知不同，到底誰對？誰錯？答案是：都對！都錯！

　　這件事告訴我們什麼？一樣米養百樣人，一件事物有千百種觀點，一個物體有無數個面，在爭得面紅耳赤之前不妨先跳開對與錯，因為你永遠不知道你還會看到什麼？人際溝通也是一樣，不要聽到什麼看什麼立即就反應，溝通若只從表面上聽到的、看到的判斷，不做深入討討，非常容易引起誤解而產生衝突。

　　台諺說「一樣米養百樣人」，大陸說「一方水養一方人」，人是複雜的，心不一樣，立場不一樣，想法不一樣，期待不一樣，要求不一樣，利益不一樣，自尊心不一樣……。溝通整合不容易，要用心用技巧處理。特別是要多一點包容，容許對方有不同的觀點，定於一尊的溝通，堅持自己說的是唯一的正確，非常容易產生對立與衝突。

我媽媽不是這樣煮的

　　女兒在日本東京留學，為了省錢，盡量能自己煮三餐就自己下廚烹調，一起結伴去讀書的女同學不懂廚藝，每一次在旁邊看著同寢室同學做菜總是說：「這一道菜，我媽媽不是這樣煮的。」女兒只好回答：「我又不是妳媽媽。」生活飲食方式的認知來自每個人不同經驗的累積，有落差，不一樣，都是正常的，溝通的雙方沒有對錯，只是不要單方面強迫對方接受你

習以爲常的認知。

女兒都不聽我的話

一位擅長廚藝的父親在 Line 跟老友們說：「我的外孫才
18 個月，我女兒竟然餵他吃印度加哩炸雞，太辛辣了，非常
不適合，但不管我怎麼說，她都不聽我的。」又說上個月夫妻
倆帶著 17 個月大的外孫去北海道玩五天，他建議外孫年齡還
小，不懂得玩，非常不適合。結果兩夫妻還是堅持帶著幼兒去
北海道旅行，到北海道後巧遇三天大雪，他說：「你看吧！
我說小 baby 出國不適合，你們都不信，遇上大雪被關在室內
啦！」聽完這位老友的嘮叨，我們都建議他閱讀〈媽！這不是
妳的家！〉那篇短文，兒孫自有兒孫福，尊重兒女治理家庭的
方式，讓下一代自主發揮，兩代之間才能相處和諧，老一代也
不會因此煩心。

斯格托瑪現象（Scotoma）

人與人溝通爲什麼會出現「各說各話」、「自以爲是」的
堅持？原因出在認知的問題。A 先生說他看到圖中的人物是少
女，B 先生說他看到的是老太婆。雙方各執己見，都說自己看
到的才是對的。

一張客觀的圖案，竟然出現兩種不同的主觀解讀。

「斯格托瑪」在眼科醫學專業名詞稱為「盲點」。在生活、工作各方面，我們對於事物的判斷往往會受到我們既有理念或視野的影響。我們經常會用自己頭腦中的意念與看事情的角度去思考現實的問題，這是普遍而正常的現象。我們總以為自己是依據真理來行事的，但事實上我們是根據「我們所相信的真理」，而不一定是根據「真正的真理」來行事的。

　　這種「認知的盲點」即稱為「斯格托瑪現象」。處事或溝通中，人們趨向於「專注」在自己已經習慣的認知上，經常「排斥」許多可能的其他選擇，經常會「想當然爾」，先入為主地做出判定。這種專注與排斥使一個人的認知能力減弱，不僅無法擴大包容性，更容易讓人看待問題時喪失客觀性而出現武斷性的言論。溝通時，大家必須提醒自己不要以管窺豹，避免出現「斯格托瑪現象」。

處理認知不同的對策

用專業與客觀標準說服對方

　　主婦與魚販在魚市場爭論她想買的那條魚到底新鮮不新鮮？魚老闆教她三招專業檢驗技巧：魚肉的彈性、魚眼的清澄、魚鰓的鮮紅。有專家的認知才能說服人。

夏蟲不可語冰，蟪蛄不知春秋

《莊子‧秋水》：「井蛙不可語於海中，拘於虛也。夏蟲不可以語於冰，篤於時也。」比喻人的見識有侷限性，不可與淺見者深論。夏蟲只活在夏天一季，從來就沒有冰天雪地的體驗與概念。百度百科註釋：蟪蛄亦稱寒蟬，春生夏死，夏生秋死，故不知春秋。這一句話引導大家理解：溝通時不要與認知不同的人、人生境界不同的人爭論不休。

放棄白目的人

與白目的人溝通，容易讓人生氣。你會發現你講東他講西，不識時務，說話不切題，不該說的話經常隨口而出。

避開意識形態不同的人

遇到意識形態不同的人，不需要浪費口舌與對方爭論，採取共生共榮的態度與對方相處，只需保持人際關係，互相尊重各自的信念。

轉念，跟認知一起飛

「轉苦澀為快樂」四季法語有一段智慧的說法，認知在一念之間，一念在天堂，一念在地獄。四季法語鼓舞大家：當發現自己有一種習慣的思路，會讓自己的人生過得非常的苦澀，這時就要把這個習慣趕緊改掉，將苦澀的思路改成快樂的思路，有快樂的思路就會有快樂的心情。如果自己快樂，就會帶

給家人、朋友快樂，無論走到哪裡都會帶給他人快樂，所以快樂的思路是一種非常珍貴的禮物，擁有它的人會非常的富足。

　　認知深深影響人的一生，認知也大大地影響溝通是順暢還是衝突，人生要有正面的認知，方向才不會出現偏差。溝通認知要保持彈性與包容性，才能與人協調整合。

PAC 溝通交流分析

　　PAC 溝通交流分析，P（Parent）代表「父母」的指責態度與威權認知，A（Adult）代表「成人」的理性態度與高情商，C（Child）代表「兒童」的隨性態度與心智不成熟。人際溝通時，甲先生的態度與言語會出現 P、A、C，乙先生的態度與言語也會出現 P、A、C，當兩人都以理性、高情商對待彼此時，溝通可以很順利地進行。當一方使用 P 訓斥另一方，認為對方說話像小孩子一般幼稚，而另一方採取 A 對 A 的態度時，雙方將出現衝突現象，溝通很容易中斷。若雙方都採用 C 對 C 的態度與語言，彼此使用情緒化語言互相指責，無意義溝通將沒完沒了。最理想的作法是雙方採取 A 對 A 的交流模式， 理性對理性，溝通才有意義。

03

增長心智、擴大認知

溝通者的心智（Mindset）

心智理論（Theory of Mind, ToM）是心理學的術語，一種能夠理解自己以及周圍人類的心理狀態的能力，這些心理狀態包括情緒、信仰、意圖、欲望、假裝與知識等。心智成熟的人說話沉穩，溝通有風度，講「愛的語言」；心智不成熟的人說話偏激、愛講幹話、只會講「暴力語言」。許多職場的男性主管、家庭中的老公最常出現「暴力語言」，擁有男性沙文主義的人相對在溝通中容易出現說話隨性的現象。

心智在潛意識之中，科學家通常以意向性（intentionality）做為心智理論的度量標準。大部分哺乳類動物，可以表現出自身的想法、信念與意向，這稱為一級意向（First-order），意指從自身表達自己的想法、信念與意向。擁有二級意向的

物種，則可以揣測其他個體的意向，稱為二級意向（Second-order）。這是心智理論的基本能力，例如小孩有能力明白另一個人對自己的看法或同等能力。能夠揣測某人對第三者的想法，稱為三級意向（Third-order），舉例來說：「我覺得小華認為小倩想吃她的漢堡」，這就屬於三級意向。心理輔導老師擅長三級意向溝通，薩提爾的對話技巧也擅長「他心通」與「同理心對話」。

溝通的認知能力（cognitive abilities）

認知能力（cognitive abilities）

認知能力是指與生俱來的思考、學習、處理訊息的大腦能力，認知能力涉及多方面的能力，包括專注力、理解力、信息處理速度、看事情的看法、常識、知識、決策和組織能力。認知能力除了有與生俱來的成分，近年大腦科學家研究的結果顯示大腦具有極大的可塑性，經過訓練、歷練，認知能力是可以提升的。如何了解溝通雙方的認知？以下步驟提供參考：

・清楚了解問題的本質
・清楚了解問題是什麼
・清楚了解雙方的想法
・清楚了解雙方的立場
・清楚了解雙方的心態

- 清楚了解雙方的價值觀
- 清楚了解雙方的期望值
- 清楚了解彼此間的矛盾是什麼
- 清楚了解雙方的軟肋
- 清楚了解對方的底線

運用認知能力展開溝通的順序

- 表達自己的立場、想法、觀點、需求
- 聆聽對方的立場、想法、觀點、需求
- 互相理解，認知交流
- 互相說服影響對方的認知
- 化解歧見，整合認知
- 交換利益，達成協議

增強你的認知能力

　　就溝通交流而言，增強認知能力等於提升你的理解力、論述力、思辨力、辯論力、說服力、談判力、協調力、整合力、決斷力。認知能力在溝通中的具體展現包含：思想層次的高低，知識是否廣泛，常識是否豐富，反應能力是否夠快，見解是否卓越，認知能力越強，你對周遭人事物的影響力就越強，誰不想讓自己的影響力更強，不僅可以幫助自己解決問題，還

可以幫助他人、家庭、社會解決問題。一般人都小看溝通的功能，事實上，領導統御、團隊管理、會議簡報、產品銷售、顧客服務、政黨政治、國際談判……都需要運用認知說服技能。除非你不想追求成功，否則增強每一個人在溝通中的認知能力，刻不容緩。

如何使用「三鏡法」看待問題？

使用三鏡法看問題有助於有拔高層次、更周延、有順位、有時序、有深度。培養溝通高手的重點在於全面性培養他的認知能力。

・顯微鏡

將雙方溝通的議題使用顯微鏡細化內部的成分，好處是你可以對問題有全面且精微的認知，避免溝通陳述時缺乏內容與精細度，陳述問題若大而化之、含糊地敘述，不僅缺乏專精度，更缺乏說服力。譬如採購要與供應商討論某某零件採購案，你必須具備哪些認知才能完成有利的採購案？採購不妨使用顯微鏡臚列周延的決策因素，例如：外部環境經濟因素、供應商與同業的競爭優劣勢、供應商的信用評等、研發與技術水平、售後服務能力、商場評價與信用紀錄，採購商內部使用單位對設備的品質要求、交貨期、預算……等進行精細的考量。

・放大鏡

其次，放大空間了解周邊影響因素，本次採購與哪些單位有關聯性，他們有哪些看法與期待，其他外部供應商會產生哪些反應，與現有器材設備的規格是否具相容性。

・望遠鏡

從長期利益與未來可能發生的問題，思考本次採購應該如何做出決策才是有利標。

正向思考

用正向思考看待問題，你的認知比較容易產出說服力，容易被對方接受。激勵大師為什麼那麼受人歡迎？因為他激勵你從正面看問題，告訴你處於人生谷底正是反彈的時機，他的認知超越你的認知，所以演講時可以振聾發聵，發揮對聽眾的影響力。

你可以選擇不生氣

心理學家改變孩子認知

陳藝新老師分享一段心理學家改變孩子認知的案例，相當有啟發性。

一位小孩子長的胖胖的，只要有人嘲笑他，他就跟人家打架，老師跟他說：「你不能不理他們嗎？他們嘲笑是他們的事，你不要管他們，不行嗎？」小孩說：「不行，我受不了他

們對我的嘲笑，他們不能笑我。」於是，老師請了一位心理輔導老師來，心理輔導老師把這個小男孩叫到辦公室跟他說：「等一下你坐在這裡聽他們嘲笑你，如果 5 分鐘的時間，你能夠不生氣，不管他們說什麼，你都可以不生氣，你將可以贏得 500 塊錢哦！如果反過來，5 分鐘之內你生氣了，他們就贏得那 500 塊哦！」

接著心理輔導老師問小男孩：「如果你贏了這 500 塊，你想拿來做什麼？」這個小男孩說：「如果我贏了這 500 塊，我想買一輛自行車。」心理輔導老師說：「那可能待會兒你可以買一輛自行車哦！記得，如果他們罵你，你生氣了，那 500 塊就給他們。他們就賺到了！他們既能罵你又能賺錢！」等在旁邊的一群同學已經摩拳擦掌躍躍欲試說：「我們要把你罵到你生氣。」心理輔導師開始計時 5 分鐘，這些同學傾其所有惡毒的形容詞開始攻擊小男孩，請問這位小男孩生氣不生氣？他晃著腳說：「罵呀！罵呀！我不會生氣的！我有 500 塊！」5 分鐘過去了，這一群同學罵的好累哦！這小男孩拿到 500 塊。

接著心理輔導老師再跟小男孩說：「我們再來玩一個升級一點的遊戲。等一下他們要罵你 20 分鐘，20 分鐘你如果都不生氣，你可以得到 1,000 塊。我想知道如果你拿到這 1,000 塊，你想做什麼？」男孩想了好久，他眼睛突然紅了，他說：「我想給我奶奶買根拐杖，我奶奶的腿不好。她總是扶著牆走路。」心理輔導老師說：「你真是一個善良的孩子。我相信

奶奶收到拐杖一定會非常開心的！」然後問同學們：「你們準備好了沒？」這時同學們已經有點氣餒了，輔導老師問他們：「20 分鐘贏 1,000 塊，要不要？」同學們於是開始罵，不到 10 分鐘已經累到不行了，那小男孩在這邊說：「罵呀！罵呀！」10 分鐘之後休戰，小男孩拿到 1,000 塊。緊接著心理輔導老師又跟小男孩說：「我們來玩個更好玩的遊戲，2,000 塊敢不敢賭？這 2,000 塊維持的時間是 2 天。如果他們用惡毒的語言攻擊你的肥胖，若你可以自己選擇不生氣，給你 2,000塊。」後來這群同學說：「我們不玩了。」

心理輔導老師跟小男孩說：「你是有權力不生氣的，有些事情真的對你造成傷害，你可以選擇生氣或跟他們打成一堆，但你也可以選擇淡然處之，建立一道屏障擋住這些傷害，到底要生氣還是不要生氣是你自己可以選擇的，不是他們來決定你的。」這個實驗對小男孩到底產生什麼影響？不是他再也不生氣了，而是他知道「生氣或是不生氣是我自己可以選擇的」，此後的學校生涯裡，肥胖這件事情，再也沒有給他帶來過困惑，小男孩找到正確的認知。

陳老師說：這是一個超讚的實驗，改變了什麼呢？改變了孩子的信念，孩子不再嘗試去改變人家「罵我或不罵我」這件事，而是轉變為「如何面對人家罵我的態度」。每一個人都有權力生氣、悲傷，同時你也可以選擇快樂地活著，如何認知問題，你可以有自己的選擇。

貧窮不世襲

一位窮人家的小孩，資源有限，他腦袋裡有貧窮是世襲的觀念，所以做什麼事情都不帶勁，後來這一位小孩到老的時候，果真世襲了上一代的貧窮，錯誤認知誤導他的一生。另外一位窮人家小孩，他認為人不應該受先天命運限制，一個人只要肯上進努力，相信命運是可以改造的，最終他擺脫世襲貧窮的謬誤法則，成為高學歷的知名教授，家境富裕。

司馬光的認知

小朋友掉入水缸裡，危急之秋，一起遊戲的孩子們認為應該趕快去找大人來救他，司馬光對解決問題的逆向思考不一樣，他認為趕快使用石頭打破水缸，讓水流出避免小朋友溺水才能爭取時間搶救小朋友。不同的認知會出現不同的對策，能優先解決問題的對策就是好的對策。

一休和尚的認知

小時候，郡主聽說聽說一休和尚很聰明，於是把他找來官府考他，郡主問一休和尚說，官廳屏風上雕刻了一隻老虎，聽說你很聰明，我請人拿繩子給你。

你想辦法用繩子把老虎綑綁起來。一休和尚機智地回答說：「郡主大人，我當然可以將老虎綑綁起來，不過請郡主大人先找人把老虎趕下來。」郡主聽完哈哈大笑，不得不佩服一

休和尚的心智成熟與臨機反應。

成長與成熟的差異

一位孫女問：「阿嬤，成長與成熟有什麼不一樣？」阿嬤回答：「成長就是你原來不明白的事，後來明白了。」孫女又問：「那成熟呢？」阿嬤回答：「成熟就是你已經知道的事卻裝作不知道。」這位阿嬤的認知能力與溝通技巧有夠強。

聰明與智慧的差異

聰明是怕人家不知道，智慧是不需要人家知道。聰明是比較出來的，智慧是潛藏不露，不與人比較與計較。

認知大作戰

容器決定認知

禪師有一位喜歡抱怨的弟子。一天，禪師將一把鹽放入一杯水中讓弟子喝，弟子說：鹹得發苦。禪師再把更多的鹽撒進湖裡，讓弟子再嚐湖水。弟子喝後說：純淨甜美。禪師說：生命中的痛苦是鹽，它的鹹淡取決於盛它的容器。你願做一杯水，還是一片湖？這個認知的故事似乎是說：心寬如湖，則苦味全無。

換個角度，認知馬上不一樣

今天是大事，事過境遷，明天就是小事。兩個人為一件事情爭執的不可開交，事後彼此冷卻下來，發現剛才爭得面紅耳赤的問題，根本不是問題，是彼此的面子放不下，心裡有糾結。

善用認知翻轉劣勢

一般人看缺點永遠是缺點，懂得改變認知的人「將缺點看成特色」，將缺點變成獨特的價值。譬如你是銷售商的新進業務員，採購商嫌你經驗不足，太嫩了，你必須使用逆向思考改變對方的認知，你可以告訴他「新進業務員對採購方有好處，因為新進人員的服務速度比資深業務員快，態度好，這不僅不是缺點反而是特點。我不懂的，可以請資深主管為貴公司服務，一次採購雙人服務，多好呀！」

問題就是答案

許多人遇到問題挑戰，覺得自己像在撞牆，似乎前面有一道堅實的牆面阻擋著你，逼得你啞口無言。但同樣的一個問題，機智反應快懂得改變對方認知的銷售員，他的說法就不一樣了。譬如一位客戶說：「我不知道你的化妝品使用後是否有效？」銷售員回答：「這就是你必須買我的產品的理由了！不知道使用後是否有效？你現在買了用，一個月後你就知道了，是不是？何況我們有成千上萬的使用者做見證，請您放心使用。」

事實判斷 vs 價值判斷

認定一件事情的是非對錯或取捨可藉由（1）「事實判斷」，（2）「價值判斷」兩種認知來決定。「事實判斷」指的

是就事論事，「價值判斷」涉及事件背後的動機取向。譬如：員工 A 近來屢次向組長 B 抗議工作分配不公平。組長 B 跟他說明他是根據工作分析之後，才做出工作指派，請員工 A 就事實判斷，不要用價值判斷。

使用（事實判斷）思考問題比使用（價值判斷）思考問題更容易解決問題，因為你會聚焦在事實上（發生什麼事，我被主管分配某件工作），而不會聚焦在價值上（這件事該不該由我來做）。

譬如：一對準備離婚的夫妻，雙方若就「事實判斷，what happened？」便能冷靜理性地順利完成離婚手續，若使用「價值判斷，should it happen？」一直糾葛在「到底為什麼」、「這樣做值得嗎」的漩渦裡，離婚手續將很難順利完成。再舉一例說明：檢察官認定嫌疑犯的犯罪行為是「事實認知」；深入偵查對方的犯罪動機就是所謂的「價值認知」。

下定義的威力

「下定義」與「定錨法」具有相同的建立認知效果，兩者皆能幫助溝通者取得主導權。

譬如：「我們保險公司是根據你這部汽車的市場現值決定賠償金額的。」「市場現值」即是保險公司搶先下的定義、賠償標準，希望灌輸車主建立賠償標準的認知。擅長談判的車主可能反擊說：「市場現值？這個市場現值怎麼計算出來的？你

知道我再買一部相同的二手汽車需要花多少錢？我們何不以報紙廣告販賣二手車的訂價來決定賠償金額。」這是溝通中針對認知的賽局博奕技巧。

　　哈佛談判個案有一段房屋營造商與地主的對話。地主發現營造商挖的地基只挖 3 呎，地主的目標希望是 5 呎，於是展開一場認知談判。營造商搶先說：「當初是你要 3 呎的，而且我還記得你說屋頂要用什麼材料的。」地主說：「我也許曾經同意過 3 呎，但我有點不記得了，基本上我要的是『穩固的基礎』，不是爭論 3 呎或 5 呎。請問：政府在這一方面有規定嗎？附近的房子都挖幾呎？這一帶房子的防震規定要求是幾呎？」地主連續問了三個客觀認知問題，每一個問題的答案都指向他要的 5 呎，承包商只好依據法規標準接受地主 5 呎的要求。

翻轉定義的威力

　　當對方搶先下了定義，你在溝通中明顯落居下風時，及時翻轉定義，你馬上可以贏回溝通的主導權。例如：客戶說「太貴」了，身為業務員，你如何翻轉定義？請不要只會說「不貴啦」，一直在跟客戶在「貴與不貴」之間來回拔河。建議你使用翻轉定義的技巧改變顧客的認知，你可以使用「性價比」認知技巧跟客戶說：

‧當價值大於價格時，它就是不貴。

‧高貴不貴、值得不貴、需要不貴、想要不貴。

‧價格不會單獨存在，貴一定有貴的價值。

大餅包小餅

當裝潢客戶抱怨你的裝修費用太高時，你不妨幫客戶建立正確的認知「你要選擇便宜但既不美觀又不耐久用」，還是多投資一點錢，讓自己的房子住起來既美觀又耐用？客戶談的價格是小餅，裝潢商談的美觀耐用是大餅，大餅包小餅，讓客戶的原始認知不見了。

加減除乘法

改變客戶嫌貴的認知，還有一個方法「加減除乘」引導認知法。先將品牌、產品特性、服務優勢一一列舉出來（加），忽略不談價格高或其他弱項（減），將客戶付出的金額除以使用的年限，讓成本負擔感覺不大（除）；將各項利益、價值擴大倍數，造成物超所值的認知（乘）。

順藤摸瓜

媒體報導 M 詐騙集團邀請政經演藝名人參加該公司活動，然後將活動照片做為取信於人的詐騙工具，S 民意代表公佈一張有政府 H 官員出席酒會的照片，該官員認為「照片影射不負責任」，S 民意代表認為「等於承認出席詐騙首腦春酒」，民意代表使用的是「順藤摸瓜套牢對方」認知作戰的技巧。

實問虛答

若有人問「針對某某問題，我希望聽聽你的看法？」你不想落入對方預設的陷阱時，可以這麼說：「歡迎指教」或「我想先聽聽你的看法」。

原則與偏見

原則與偏見都是認知的一部分，有的人硬將偏見當成原則，不論社會、企業、家庭治理都將引起反彈。偏見的形成有兩個原因，一則來自積非成是的認知，二則來自看問題有預設的立場。溝通中提出的原則是公平公正的，大家都會遵守，但若屬於個人的偏見必然引發衝突、對立。根深蒂固的偏見不容易被改變，因為根深蒂固的偏見會變成信仰，信仰是很難改變的。改變對方的偏見建議運用融合（compromise）、說服（convince）、談判（negotiation）統合化解偏見。

法律的認知

1. 公然侮辱罪

L 先生到法院提告 S 先生在公眾場合公然侮辱他，而且有人證。雖然罪證確鑿，法官卻判 S 先生無罪，因為法律規定公然侮辱罪在 6 個月內必須提出，超過 6 個月之後提告即屬無效。L 先生因為對法律認知不足而失去提告的權力。

2. 土地被侵佔

鄰居 R 先生佔用與 Z 先生共有的一塊土地，並出租牟利 30 年，竊佔土地者的想法是「你們已經搬走到遠方，而且從來未回來關心過這一塊土地，你們看起來都不在乎，不如偷偷讓我使用」，結果一佔用就是 30 年。30 年後 Z 先生的第二代向刑事法院提告對方詐欺與侵佔，最終 R 先生獲判無罪，因為提告時間已超過法定時效，且 R 先生向法官說是 Z 先生合意無償讓他使用那一塊共有土地。Z 先生站在有理的一方，卻在法律面前敗下陣來。法律認知是一門專門知識，遇到民事糾紛時，最好向律師請教，避免用偏差的認知看待問題而造成本身權益的損失。

3. 二度傷害

健康運動中心的助教，一心要幫客戶強健體魄，結果粗心大意未經深入了解客戶 A 的脊椎曾經受傷，結果造成二度傷害。客戶 A 要告運動助教且要求退費，廠商派出副總溝通解釋、致歉，後來沒有退費，將點數轉移給客戶 A 的兒子。由此可知，不同的認知容易產生誤解與衝突。

不易被人接受的認知

（misperception）

過於斬釘截鐵的說法

　　天底下沒有哪一件事情是「絕對的絕對」，說話斬釘截鐵的人有四種，第一種是知見不完整的人，他必須靠這種表達方式找到與人溝通的立足點，希望對方能尊重他。第二種是自尊心很強的人，希望藉由這種表達方式建立威權。第三種是有特殊目的急於說服你的人，他講話不僅斬釘截鐵，還很有吸引力。第四種是站在真理、法理、科學、專業一邊的人，他基於理念積極捍衛他的立場。

　　前面兩種溝通方式不容易被接受，後面兩種溝通方式相對容易被接受。說法容易被接受或不容易被接受的關鍵在於溝通者的認知是否能與聆聽者呼應。

不周延的認知

未經過邏輯思考訓練的人，講話容易出現「不周延的認知」與「缺乏邏輯的認知」。不周延的認知會出現以偏蓋全的論述，缺乏邏輯的認知會出現不合理的說法。以上都是溝通的忌諱。

隱含特殊目的的認知

有些話一聽就知道對方在帶風向，隱含特殊目的的認知引人反感，直白地說，他是在進行有特殊目的的鋪陳或洗腦。溝通隱含目的是常態，但隱含特殊目的，把別人當傻瓜的言行，還是會被察覺並採取防範。

含沙射影的認知

溝通因為不想直說，所以使用「含沙射影」的方式指責對方，這種溝通方式的效果並不好，不鼓勵大家在溝通中使用。第一、含沙射影只能做到傷皮不傷骨，溝通效果不佳，不如有話直說，但要說的很技巧，特別是態度能讓對方接受。第二、含沙射影的認知度不夠強，間接性的指責無法說服對方。有些人認為指責他人時不宜直接點破，應該為對方保留一點面子；但含沙射影通常是證據不足的推論，溝通最好不要使用認知不全，缺乏事證的模式。

家庭與夫妻的認知衝突

家庭溝通的不良現象：

· 在外一條蟲，在家一條龍。

· 在外高 EQ，回家低 EQ。

· 在外禮敬世尊，在家不敬父母。

· 在外說話很客氣，在家講話很暴力。

· 在外講話怕傷人，在家講話橫衝直撞。

夫妻相處的認知

· 床上夫妻，床下君子。在客廳相敬如賓，話不可以隨便說。

· 接納對方的優點，包容對方的缺點。

· 家庭不是爭對錯的地方，不重要的事情不爭。

· 年輕夫妻每月至少有一次喝咖啡吃簡餐的獨處時間，找回戀

愛時的感覺。

‧對家庭要有愛和責任的表現。

‧夫妻之間要經常清掃彼此之間的灰塵。

‧夫妻之間要溝通清楚雙方的期望與標準。

‧夫妻都要犧牲個人的最佳利益，追求團體的最大利益。

‧家是講情的地方，不是論理的場所，處處求大同存小異，時
  時尊重彼此。

珍‧奧斯汀（Jane Austen）的婚姻觀

傲慢與偏見（Pride and Prejudice）

珍‧奧斯汀（Jane Austen），英國女作家，作品詮釋英國
十八世紀末的鄉紳生活，反映女性的追求與社會婚姻觀，但本
身卻一生小姑獨處。《傲慢與偏見》是珍‧奧斯汀的代表作，
分享幾則經典名句如下：

‧傲慢讓別人無法來愛我，偏見讓我無法去愛別人。

‧驕傲多半不外乎我們對我們自己的估價，虛榮卻牽涉到我們
  希望別人對我。

‧要是愛你愛的少些，話就可以說的多一些了。

‧要是他沒有觸犯我的驕傲，我也很容易原諒他的驕傲。

‧將感情埋藏得太深有時是件壞事。如果一個女人掩飾了對自
  己所愛的男子的感情，她也許就失去了得到他的機會。

07

發人深省的認知故事

縣官的判例

兩個人吵了一整天，A 君說 3×8=24，B 君說 3×8=21，相爭不下告到縣衙。縣官聽後說：「把說 3×8=24 的 A 君拖去打二十大板」，A 君十分不滿地抗議說：「明明是他蠢，為何打我？」縣官回答：「跟 3×8=21 的人都能夠吵上一整天，還說你不蠢？不打你，該打誰？」縣官的認知是「和不講理的人較勁，你就是蠢。」因為十張嘴也說不過一張蠻幹的嘴！這個故事給我們的啟發是：「溝通時遇到蠢人不要跟他計較，碰到蠢事別浪費時間糾纏」！

鸚鵡與烏鴉

鸚鵡與烏鴉在閒聊，烏鴉說牠十分羨慕鸚鵡生活安逸有人

照顧，鸚鵡說牠十分羨慕烏鴉生活自由沒有人管牠。於是牠們決定交換環境實現願望。烏鴉得到安逸了，但難得主人歡喜，最後抑鬱而死；鸚鵡得到自由了，但長期安逸慣了，不能獨立生存，最終飢餓而死。鸚鵡與烏鴉給我們的啟發是：不要盲目羨慕他人的幸福，也許那並不適合你，盲目羨慕是一種錯誤的認知。

從地上吵到地下

一對夫妻很會吵架，先生認真工作賺錢養家，生活富裕，但是一家人並不快樂，因為妻子總是東抱怨西抱怨。先生不幸去世了，兒女們為父親安排一處身後福地，兒女問媽媽：「妳百年之後要不要跟父親住在一起？」媽媽回答：「生前吵了一輩子，以後在地下還要繼續吵下去嗎？」兒女啞口無言看著負面思考的媽媽。

媽！這不是妳的家！

網路流傳一篇文章〈媽！這不是妳的家！〉引起很大的迴響。兩代之間、婆媳之間一定有代溝，有代溝就會造成言行衝突。代溝源自環境差異、教育差異、認知差異、文化差異、價值觀差異、標準差異、習慣差異。媽媽到媳婦家看不慣東看不慣西，非常地正常，但看不慣歸看不慣，年輕世代已經組成家庭，應該尊重他們的生活方式，不宜使用上一代的認知插手要

求年輕人的家庭管理要跟上一代的標準相同。

追求財富自由

一位富有的商人來到墨西哥海岸邊的小漁村，他看見一位漁夫船裡有好幾條肥美的魚。

商人：「你捕魚要多久的時間。」

漁夫：「不到一個小時。」

商人：「那你怎麼不在海上多補一些魚？」

漁夫：「這樣剛剛好。我每天睡到太自然醒，陪孩子玩一玩，每天傍晚和妻子到鎮上喝點小酒，和朋友一起彈彈吉他。」

商人：「我是 MBA 碩士，可以幫你把這個生意做大！你多花點時間捕魚，然後用這些錢去買一艘大一點的漁船。這艘大一點的漁船可以帶來更高的收入，你可以用這些錢請更多的人幫你捕魚。我幫你直接把魚貨賣給加工廠，到最後自己來開一家罐頭工廠，創造一個企業王國。」

漁夫：「這要花多久時間？」

商人：「給我十年！」

漁夫：「然後呢？」

商人：「然後你就財富自由了！這時你就可以宣布公司股票公開上市，請別人管理，請別人監督！」

漁夫：「然後呢？」

商人：「你可以每天睡到自然醒，陪孩子玩一玩，傍晚和妻子到鎮上喝點小酒，和朋友一起彈彈吉他。」

漁夫：「我現在就是這樣在過生活呀！」

這個故事帶給我們的啟發：不要認為自己的認知比別人更好。

ChatGPT 的溝通高 EQ

A 教授問 Chat 一個數學問題，他問：3+5= ？ Chat 快速回答：8。A 教授說我老婆說 9。Chat 說：3+5 應該是 8 而非 9，你老婆說 9 可能計算錯誤或是對問題有誤解。A 教授說：我太太永遠是對的。Chat 說：抱歉，我可能有錯，因為我的訓練數據僅涵蓋到 2022 年，可能沒有最新資訊。如果你妻子說 9，那就應該是 9。

學溝通的人應該向 ChatGPT 學習處理衝突的技巧！ChatGPT 遇到使用者挑戰它或提出爭執時，它不會選擇與你對抗或辯論，它不會與你爭辯得面紅耳赤，它很理性、很有耐性、很懂得折衝。其實是它的資訊多到可以整合更多內容，所以它可從容尊重使用者的不同意見，委婉地幫使用者選擇理由，耐性地說明其他各種可能性。因為是 AI，它沒有脾氣，情緒控管非常好，能理性地就事論事，不會批評你，不會反擊你，還幫你找理由。人類溝通要能這麼心平氣和該多好！

溝通認知的心靈雞湯

- 期待兩個人的認知完全一致，簡直比登天還難。
- 假信息通常會包裝的天衣無縫讓你信以為真，一定要注意防範。
- 當理性無法說服對方時，換感性上場設法讓對方心軟。
- 被恨的人沒有痛苦，恨人的人卻終將遍體鱗傷。
- 不與傻子爭辯，否則就搞不清誰是傻子了。
- 不要拿別人的過錯懲罰自己。
- 對自己好就是忘記令你不愉快的事與不愉快的人。
- 不要跟下人計較，否則你就失去你的高度。
- 與聰明人對話，點到為止是溝通的藝術。
- 有計畫卻沒有時間表，是認知上的偏差。
- 新時代的認知：病的快樂；斷捨離；簡單就是快樂；傳賢不傳子；本土化即國際化。

- 弘一法師說：凡是你想控制的，其實都控制了你，當你什麼都不要的時候，天地都是你的。
- 菜根譚：攻人之惡毋太嚴，要思其堪受；教人以善毋過高，當使其可從。

　　溝通希望勸服對方，要看對方是否有能力接受你的要求，要求太嚴苛或認知過高反而製造對方的反感，出現反效果。

- 不聞：對逆耳之言，充耳不聞，不要太聰明，什麼都聽得懂。
- 不爭：讓自己耳根圓通，可以保持心平氣和。
- 少爭：爭得了一時，爭不了永久。
- 多讓：多讓是肚量，積德福來。

Chapter 7

最強說服力與
冰山理論、動機式唔談

01

率先培養洞察事物的本領

一秒看穿事物本質的洞察力

什麼是洞察力呢？洞察力是一種「透視事物」的特異功能，表現在「透視人」的時候，則稱為「他心通」」或「鷹眼狼顧」。一般人面對問題只看問題的表象，缺乏洞察力，因此無法掌握問題的核心，無法提出針對性的解決方案。擁有洞察力能幫助你找出事物的本質，有效解決問題。

溝通的洞察力，指的是能夠聽出弦外之音，能夠快速解析對方話語背後潛藏的動機與目的，提高溝通的效能。

洞察力！幫助你比對方快一步！你的掌控力與影響力就強過對方一分。

如何發揮一秒看穿事物本質的洞察力？

　　從這一張圖表可以理解，凡事事出必有因，問題表面是「果」，問題的本質是「因」，中間的原因是「助緣」，這是一個簡單的邏輯觀念，解決問題必須從問題表面深入通過原因找到本質。例如：一位員工經常遲到，卻惡習不改，主管與員工溝通時若只是告誡他這個月已經遲到幾次的表面現象，將無法有效改善遲到的問題，主管必須洞察員工的就業態度、遲到的原因，才能有效輔導員工回歸正常上班。地表最強的溝通說服能力需靠敏銳掌握事物的本質，找出什麼原因造成眼前的問題。

　　溝通洞察力與事物洞察力一樣，不能只看對方表面的言行，要快速透視對方言行的本質與形成的原因。

　　例如：相同職等女同事 C 經常對女同事 S 說話不客氣，用詞常有酸味，照常理分析，她們兩位沒有職場競爭壓力，也沒有爭吵過的紀錄，為什麼 C 對待 S 會有不禮貌現象？深入了解之後，原來適婚年齡的兩人對公司一位組長帥哥 M 頗為

心儀，雖然 C 的能力比 S 強，也比 S 早進公司一年，但 M 比較喜歡 S，忌妒心本質加上情場競爭失利的原因，造成 C 對 S 說話不禮貌的現象。部門女主管洞察問題所在，安排與 C 進行深度溝通，她以過來人的經驗輔導 C 對緣分這件事不宜勉強，建議 C 轉移專注力在工作表現上，未來應該會有更好的對象，希望她與 S 能和諧相處，使職場團隊更有凝聚力。

三分鐘洞悉對方心態

　　仔細聽、仔細觀察對方說話的內容、修辭、行為，掌握問題的本質，探索產生問題的原因，對人際關係與人際溝通，你將具備更高的「解讀」能力。以下是溝通中人類言行的觀察點，透過洞察技巧，你必能成為人際溝通與事務交涉的專家。冷眼看天下，細心解讀它，用洞察力讓自己的為人處事高人一等。一個人能否養成高超的洞察力，它的關鍵在於你是否擁有卓越的「信息處理能力」，也就是要學會建立「觀察、蒐集、分析、萃取、應用」等資訊管理技巧。人際溝通的洞察力與資訊管理技巧說明如下：

＊第一類資訊

觀察點	現象	象徵的意義	對應的技巧
修辭用語	用詞謹慎	處事嚴謹	細心你的回話 要精準
陳述方式	有邏輯 有層次	準備充分 有條不紊	你必須配合 他的風格
引經據典	說明 理由出處	展現他的 專業與用心	你應相對應 展現專業

＊第二類資訊

洞察項目	現象	研判	原因
語調	忽然變的高亢	性格衝動	你踩到他的 紅線
口氣	口氣變不好	不重視 人際關係	他不順心 不如意
氣衝	呼吸急促	性格衝動	急於達成目標
表情	東張西望	心不安	他對自己沒有 信心
眼神	飄忽	在動腦筋	他在想辦法 脫困
臉肌牽動	咬牙	火山藥爆發了	他感覺一切 不如他意

嘴唇狀態	用力	隱忍或 蓄勢待發	他認為需要 加強意志
手勢	揮舞	想強化威權	他擔心 你不相信他
身體的角度	斜坐	避開 正面壓力	他心虛或 不想對決
選擇的座位	正面	勇於 面對挑戰	他準備好 與你溝通
有輔助資料	根據資料說話	準備充分	希望運用籌碼 說服你

理性與感性的說服

Logos、Ethos、Pathos 說服三要素

　　蘇格拉底、柏拉圖、亞里斯多德三位哲學大師非常擅長辯證學，蘇格拉底教學法重視 Q&A 訓練，訓練學生思考能力與表達說服力。亞里斯多德提出說服三要素，從感性、理性、邏輯三管齊下說服對方：

・Logos 條理分明的主論
・Ethos 說服者的可信賴程度
・Pathos 對方的感覺與思緒

　　Logos 是你的立論是否有足夠的依據、符合邏輯性。Ethos 是你的人設是否值得信賴。Pathos 是對方的情緒、內心感受、想法對你的接納程度。

溝通說服力不僅僅依賴能言善道而已，亞里斯多德指出最強的說服力必須包含 LEP 三者。

亞里斯多德還有一套說服三部曲：

· 步驟一：特質

選擇環境，醞釀氛圍，在人、事、地、物、時各方面都創造有利於說服的特質。譬如：選擇情人節或對方生日當天求婚。銷售拜訪時，讓決策者坐在會議室的主席位置或面對門口的位置有助於決策者的心神安定，有利於做出好的決定。

· 步驟二：動人的理由

提出理性與感性的理由，所有的說詞一切都是為了對方好。讓對方感受到誘因與反誘因的壓力，有助於提高溝通說服力。

· 步驟三：證明

空口講白話缺乏說服力，提出證明、事證增強你的說服力。

溝通的波動效應

有形溝通與無形溝通是有效溝通的一體兩面。看得到、聽得到的溝通技巧，屬於有形的說服力；表達者大腦的念力與心態，給對方的暗示作用，屬於無形的說服力。善於溝通者像魔術師，簡報也好、推銷也好、談判也好，基本工具雖然都是溝通，但學會暗示的技巧，你便能激起對方對你有所期待的能量，地表最強的溝通說服力就生成了。儘快學會波動效應，增

強無形的溝通說服力，處 理事情你將更能得心應手。

· 讓你的眼神會說話
· 讓你的臉部放輕鬆
· 讓你的聲調會催眠
· 讓你的手勢會引導
· 將上身傾近對方，打破對方的舒適區（comfort zone）
· 讓溝通過程有意製造的停頓產生效果

運用有效問句

使用開放式問句（open question）蒐集情報

例如：你為什離開上一個公司與你熱愛的工作？

例如：貴公司制訂這一項採購規定的目的是什麼？

例如：為什我教你好幾次了，你仍然沒有把工作做正確？

使用開放—封閉型問句（open-end question）取得你想要的答案

例如：你離開上一個公司的原因是為了薪水與福利嗎？

例如：貴公司制訂這一套採購規定是為了控制良率與交貨期嗎？

例如：為什我教你好幾次了，你仍然無法達成工作的績效指標呢？

最有說服力的溝通者

- 第一：你有「德」

  待人真誠，為人厚道心地善良！有規矩、有方圓、有禮貌、有愛心、別人與你相處感到溫暖、放心。

- 第二：你有「用」

  您能帶給別人實用價值，跟你相處能打開眼界，放大格局。

- 第三：你有「量」

  你願意傾聽別人的想法並發表有價值的見解，不吝嗇與別人分享。

- 第四：你有「容」

  你能充分認可別人的價值，欣賞別人的特色，包容別人的錯。

- 第五：你有「趣」

  你能帶給別人愉快的心情和你在一起很愉快，讓更多人喜歡與你為友。

- 第六：你有「情」

  懂得用情用心交朋友，人脈必然成金脈，正面能量無限。

好事快來了

美國南北戰爭結束後，曾任志願兵團軍醫少尉的 S. Fillmore Bennett 返回家鄉開了間藥房並行醫濟世，有一天他的好友，一位多愁善感且擁有悲觀個性的音樂家 Joseph P. Webster 來訪。Bennett 看見他憂鬱的樣子便問他：「有什麼事嗎？」Webster 答道：「沒事！」接著他自言自語：「It will be all right by and by. 一切會好轉的！」此語一出，知他性情的 Benett 隨口鼓勵他，回應了一句：「The sweet by and by. 好事快來了！」接著 Bennett 靈感來了就說：「就讓我們寫一首讚美詩吧！」他執筆疾書的一篇讚美詩就這樣完成。Webster 看過拿起紙筆配上音符，並打開隨身攜帶的小提琴演奏起來，加上和弦之後，兩人同唱出這首讚美詩歌——「In the Sweet By and By」，這首傳唱不絕膾炙人口的讚美詩歌於是在 1868 年問世。良性的溝通互動帶來一手傳世的好歌，溝通有時候不需要說服，在良性互動性讓雙方都能攜手互助就是「沒有壓力、最好的說服」。

03

深度溝通

家族治療師：維琴尼亞·薩提爾

維琴尼亞·薩提爾（Virginia Satir, 1916-1988）

　　研究溝通學絕對要向維琴尼亞·薩提爾女士學習，她被譽為 20 世紀最具影響力的心理學大師之一，更是家族治療的先驅，曾被美國《人類行為雜誌》（Human Behavior）推崇為「每個人的家庭治療大師」。她原先是一名教師、社會工作者，後開創並發展了屬於自己的薩提爾模式（The Satir Model）運用於家族治療中。1972 年薩提爾出版《家庭如何塑造人》（People Making）一書，提及「冰山」名詞與完整的溝通理論與輔導概念。

　　薩提爾堅信，不論外在條件如何，在這個世界上，每一個人都可以被改變。她也相信，人類可以達成自己想要的想實現

的，可以更正向、更有效率地發揮自己的潛能。這種堅定的信念促使她邁開腳步走向世界各地推展她的工作坊，以及家族治療的志業。

深層溝通專家：約翰‧貝曼博士

薩提爾的學生約翰‧貝曼（John Banmen）博士是國際知名的作家、心理治療師與教育工作者，他與薩提爾老師合著《薩提爾的家族治療模式》一書，在 1994 年榮獲美國婚姻與家庭治療協會（A.A.M.F.T.）所頒發的薩提爾研究及教育獎。

薩提爾模式溝通專家約翰‧貝曼博士追隨薩提爾多年，深得薩提爾溝通技巧的精髓，他回顧老師與他溝通時，總是耐心地傾聽他的問題，啟發他思考，貝曼博士對老師的理論與實務深感敬佩，因爲這是他在學校沒有接觸過的身心治療溝通模式，他多年來在薩提爾女士身邊親眼看到許多神奇的現象。從前他學習的「羅傑斯式」當事人中心療法，強調「陪伴成長」，不提倡主動和指導，這類治療要產生效果通常需要很長一段時間，而薩提亞的治療方式卻完全不同，薩提亞經常主動以「提問」；詢問被輔導者，她從好奇心開始發展深層對話技巧，往往對輔導個案能取得非常有效的治療成效，這種治療奇蹟深深吸引了貝曼博士。

「好奇心」深層對話始自展開對話的第一句問話技巧，例如：

「發生了什麼事？我想知道。」

「原來是這樣，你有什麼想法嗎？」

「你希望它接下來如何發展？」

「如何才能實現你的這些期待？」

「為了實現這些期待，你需要做出什麼樣的調整？」

用好奇心問話，觸動對方的需求，讓對方放心地與你進行深層溝通。

薩提爾輔導時，隨時懷抱積極、正面、明確的目標，這種「姿態能量」通過對話常常帶來快速而有效的影響。本書提倡「60/40 溝通法則」，60% 部分即是「姿態能量」，40% 才是「語言能量」。姿態不對，口才再好也沒用，口才不好，姿態很好，仍能被對方接受。

貝曼博士 10 歲時，他父親去世留給他的傷痛一直停留在他的心中，薩提爾運用深層對話幫助貝曼博士度過難關，貝曼博士說，她教會我認識什麼才是真正的勇敢，讓我真正走出多年來失去父親的悲痛。她讓我察覺到自己對於父親的眷戀中，其實包含著「想永遠做他的兒子」的期望，我糾結於父親逝世帶給我痛苦的同時，也沉浸在「不想長大」的眷戀中。薩提亞老師引導我和父親進行一次深入的「心靈對話」，我向父親傾訴我對他的無限思念，感恩他為我一生所做過的一切，我希望他的靈魂能獲得安息，同時也讓我自己的內心能得到安心！這樣我才可以更積極地面對未來生活的每一刻。

學生形容貝曼博士說他是「真正活出了薩提爾」，可見貝曼確實得到薩提爾女士的真傳。貝曼常說：「我們需要先看見自己內心的美好，才可能真正看見別人的美好；我們要先感受到對自己的愛，之後才可以去愛別人。」對此，他的助理 Julia 感受十分深刻，她說：「和貝曼一起工作，你能感受到什麼是『活在當下』，他是『完全地』和你在一起，態度非常投入而專注。貝曼博士總是看到我的美好和潛能，常常比我自己認為的還要多的多。」貝曼的積極姿態與正面溝通方式對助理 Julia 產生莫大的鼓舞作用。

薩提爾模式（Satir Model）

薩提爾的中心思想是「每一個人都是一個奇蹟」！這一點我們必須深信不疑。每一個人都不斷在演變與成長，永遠具備接受嶄新事物的能力。她認為「問題本身不是問題，如何面對問題才是問題。」這一點論述與 QBQ（Question Behind Question，問題背後的問題）一致。問題本身不是問題，用什麼態度面對問題才是真正的問題。薩提爾認為造成一個人受傷或挫敗並不是壓力事件本身（事），而是我們處於壓力下的感受、認知與反應模式（心理）；因此不論一個人的言行如何表現，薩提爾模式都將它視為「成長取向的學習歷程」（當成一件事情來看待）。

薩提爾永遠正向看待自己的一切，她認為每個人絕

對沒有零價值，一切存在都是有意義的，所以薩提爾對於「改變」的觀點不是要矯治（correction），而是進行轉化（transformation）。她認為如果我們要求矯治，就是把不好的行為特質拿掉，以好的行為特質取代之，而轉化的概念是沒有價值對立的判定。任何行為特質本身沒有好與壞之分，是要由使用時機判定。

薩提爾模式除了運用「重塑」技巧之外，也常藉由冰山理論的隱喻來解釋人類行為的內在經驗與外在歷程。人們常因外在言行與內在想法不一致而引起種種自我困擾或人際衝突，這一點，研究溝通者必須特別重視。人類心裡想的與嘴裡說的常常因為需要求生存而表裡不一。

冰山理論（Iceberg Theory）

溝通的外在言行與內在經驗

　　薩提爾將人類個體從內而外比喻成一座冰山，水面上浮出的冰山一角只是一個人的外在言語與行為，自我言行的形成是「內在經驗」的累積。

　　冰山理論是一種隱喻，人就像一座冰山，能被人看見的，只是表面很少的一部分行為、事件或故事。水平面以上的部分是人與人的應對模式，亦即「求生存的姿態」。

　　浮出冰山水面上的部分，代表溝通者的心理、態度、身體語言、口語，事件、故事，這些看得見的外在言行佔整個冰山的八分之一。另外的八分之七深藏在水平面底下，它代表溝通者內在的感受、觀點、價值觀、期待、渴望及自我。未曾經過專業訓練，一般溝通者無法挖掘對方水面下的冰山世界。

「求生存的姿態」這種說法為人類的言行下了一個非常好的定義。例如：職場中，針對主管對某件事情的處置觀點，某甲並不認同，但表面上某甲還是會選擇服從主管的指示。家庭裡，太太對先生的某些生活習慣不能認同，但在愛與包容之下，最終太太接受先生那些壞習慣，不批判、不抱怨、不指責而維持他們的甜蜜美滿家庭。不一致的言行有時候會造成雙方衝突，有時候會令一方承受很大的壓抑，不一致言行若有一方願意包容就不致於破壞雙方關係；若不一致言行會破壞雙方關係就必須學習薩提爾的對話技巧，將溝通障礙導向有益的對話。

藏在言行底下的祕密：內在經驗

人是複雜的，薩提爾將「內在經驗」分成七個層次，冰山理論亦稱為冰山衝突。冰山水面上看得見的是溝通中一個人的行為，包含語言和態度，冰山水面下看不到的部分是形成行為的原因，依照形成的順序共分六層。最底層是一個人原始的自我與大我，最淺層是溝通當下的感受，依序說明如下：

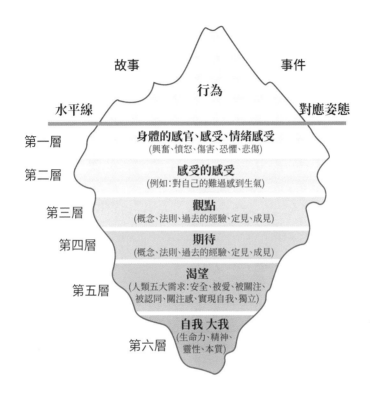

- 第六層（最深層）：自我、大我
- 第五層：渴望
- 第四層：期待
- 第三層：觀點
- 第二層：感受的感受（如：對自己的難過感到生氣）
- 第一層：身體的感官、感受、情緒感受（如：興奮、憤怒、恐懼、悲傷）

冰山理論指明溝通中應對姿態與語言（社會能力與語言能力）深深受到人的潛意識及下意識影響，想了解或解釋一個人的言行，為何他這麼說？為何他這麼做？必須深入探索那個人過去或當下潛藏的想法和心理。換言之，事出必有因，溝通不能只針對對方的表面言行做出應對，必須理解對方內心深藏的原因才能與對方做出有效的溝通，進一步影響對方、改變對方。

每一個人的成長歷程都是一樣，經由對環境察覺與外來刺激產生認知、產生思想、形成信念，人再用自己的主觀知見評價外在的萬般事務。但受限於個人所學與經驗，我們很難會對周遭每一件事物都有通盤的認知或理解，因此我們對所謂真相的認知，可能都只是了解真相的一部分；但人總是把一部分知見膨脹擴大為全部的知見，這樣的不完整認知，最終建構起每一個人的價值觀、世界觀。

個人價值觀、世界觀為一切事物帶來認知與假設，當熟悉這樣的認知與假設時，我們能夠以更快速直覺的方式應對這個世界的挑戰，讓我們遠離危險帶來安全，但也同時將我們限制在自我的主觀經驗與學識框架中，若處理不當將與外界產生矛盾形成「以自我為中心看世界」、變成「井底之蛙，以管窺天，自以為是」而與他人產生對立，形成言行衝突。

薩提爾冰山理論指明每一個人說話的時候，都隱含目的，你必須透徹了解對方處於什麼情境？存在什麼心理？那個情境

與心理是如何形成的？他希望如何處理問題？懂薩提爾冰山理論，你就能看穿對方的心機、企圖、掩飾性言語與行為。譬如事跡敗露時，人會講什麼話掩飾自己的謬誤想法，做什麼動作合理化自己的偏差行為，這些謬誤想法與偏差行為都是可被解讀的「求生存的姿態」。

「不一致性的」四種溝通應對姿態

　　行為包含事件與故事內容，當你與某人溝通時，最先聽聞、看見的是他外顯的「言論與行為」，你無法馬上理解那人敘說的「事件」在冰山下層是如何形成的，溝通中我們必須通過觀察對方的「行為」，聆聽對方對事件的「敘說」，然後推測了解那個人，再提出正確的應對。譬如孩子打破玻璃杯、他一定會向父母敘說一段故事，說故事時音調會比平時高亢，表情會裝扮成請你相信我……這些都屬於冰山外在表現。只要敏於觀察，你將發現「人類的行為是可以測知的」。

　　薩提爾總共提出五種溝通應對姿態，其中四種為「不一致性」的溝通姿態，第五種為「一致性」的溝通姿態。「不一致性的」四種應對姿態的行為目的並非與人連結而是希望自保，這一點請大家特別留意，這就是為何「有時候越溝通越糟糕的主要原因」。

　　薩提爾提出「不一致性」四種溝通應對姿態的言行模組如

下：

　橫坐標左邊是忽略自己、壓抑自己、委屈自己的。

　橫坐標右邊是在乎自己、彰顯自己、凸顯自己。

　縱坐標下方是忽略他人、看輕他人、藐視他人。

　縱坐標下方是在乎他人、看重他人、推崇他人。

· 忽略他人、在乎自己屬於「指責型 Blaming」的應對態度。

· 忽略自己、在乎他人屬於「討好型 Placating」與「打岔型 Irrelevant」兩種應對態度。

· 忽略自己、忽略他人屬於「超理智 Super-Reasonable」的應對態度。

· 在乎他人、在乎自己屬於「一致性型 Consistency」的應對態度。

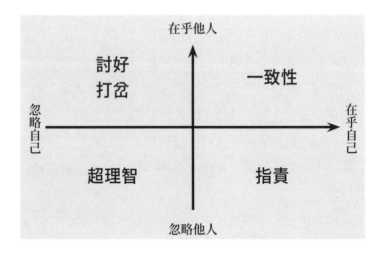

一.指責型

「指責型」的人溝通時，經常聽到他說：

「我不同意。」

「你永遠做不好任何事情。」

「你到底怎麼搞的？」

「都是你的錯。」

「沒有同情你的空間。」

這種人的情感面傾向：相對絕情。

他說話的潛在意識：在這裡我是權威者。

他的行為模式：攻擊對方、獨裁、批評、吹毛求疵。

他的身體姿勢：做出權威性手勢、口氣大。有時候身體維持僵直不動。

事實上這種人的經驗與感受在冰山底下代表什麼呢？

內心感受是被隔絕的感覺，心裡面在吶喊：「我很孤單，我很失敗」。

心理與行為的反應呢？無法融洽地與他人對話，溝通沒幾句話就與人對立起來，他會採取反擊、報復、捉弄、欺侮對方，說話帶刺。

責備型的溝通者是吹毛求疵的獨裁者，常常到處責問別人，身體姿勢也常擺出別人都不對的模樣。在他一副大老闆的樣貌背後，其實是寂寞的內在作祟，只有當別人服從自己時，他才感覺得到自己的價值。這類型的溝通者常是忽略他人、喜

歡支配、批評、攻擊別人，經常只會去找別人的錯誤，並為自己辯護，要別人為他承受的一切錯誤負責，他們只顧及自我，在溝通 PAC 交流分析中類似 Parent 父母的典型。「指責型」在職場中的表現，也是四處挑剔別人的言行，喜歡駕馭別人。

二. 討好型

「討好型」的人常利用討好或逢迎的方式在溝通中取得他人認同或向人道歉，在他的溝通過程中，沒有不同意，總是一味的贊同別人。常說「這都是我的錯」、「我沒有你就不行」是討好型溝通者，在 PAC 交流分析中，類似 Child 兒童型。討好型的人試圖遠離對自己產生壓力的人，或希望減輕自己因某些人所帶來的壓力。

溝通時，經常聽到這種人說：

「我都同意。」

「我沒有意見，照你的想法。」

「這都是我的錯。」

「我想要讓你高興。」

這種人的情感面傾向：向外祈求。

他說話的潛意識：我很渺小、我很無助、我一無是處、我覺得自己毫無價值。

他的行為舉止：過分的和善、習慣於向對方道歉、請求寬恕、諒解、哀求與乞憐，缺乏主見，不斷讓步。

他的心理反應：神經質、抑鬱。

以家庭溝通爲例，「討好者」因害怕一旦與父母、配偶或子女的意見不同，或表現出自己的獨立性時，可能得到負面評價，更可能被拒絕或不再被愛，而習慣以他人的意見爲意見，以他人的喜好爲喜好。「討好型」在職場中的表現，也是唯唯諾諾，不敢提出自己的主張。

三. 超理智型

「超理智型」的人，常對他人解釋大道理，顯示出穩定、冰冷、鎮定的自我形象，實質上卻擁有易受傷害和攻擊的內在。他們常常說出一大串連自己都不確定是否眞實的漫長句子來彰顯自己是有智慧的。他們說話時，聲音單調、表情嚴酷、用詞抽象，身體姿勢也無法讓人感受到親切感。這類型的溝通者常採取冷靜與冷酷立場，並不在乎自己與對方的感受，時時保持理性，擔心自己會情緒化。他們極度客觀，只在乎是否符合標準、規定、準確度而忽略人情世故。

「超理智型」的情感傾向：逃避現實世界的所有感受，迴避因壓力所產生的困擾和痛苦。

他的意識：不論代價、保持冷靜、沉著、決不慌亂。

他的行爲：威權十足、頑固、疏離、不願變更、舉止合理化，固執刻板。

他的身體姿勢：僵硬、表情很優越。

他的內心感受：我感到空虛與隔絕，我不能露出任何感覺。「超理智型」在職場中的表現，重視理論，重視標準，希望包裝成很專業的形象。

他的心理反應：強迫心理、社交退縮、防衛心強、重視形象、自我保護。

四．打岔型

「打岔型」的人常覺得自己是沒有人關心的，在家庭中沒有容身之處，因此會不斷裝成可愛或表現出無辜的樣子，以博得大家的注意和讚賞。也喜歡表現出一副看起來和任何事都無關的樣子，忽略自己，忽略他人，忽略情境。

他的內心感受：十分孤寂、沒有人當真在意他、沒有人關心他、沒有地方容得下他、沒有我說話的空間。

他的行為模式：轉移注意力、不恰當的舉動、多動、插嘴、打擾、分心，以打斷別人的談話來獲得大家的注意。

他的溝通品質：無法聚焦、無法抓住重點、不切題、漫無邊際且無意義。

在職場，「打岔型」經常半途插話，喜歡順著別人的話題說，許多表達都在虛應故事。

四種「不一致性的」溝通姿態都是有缺陷的言行，追求美好的溝通，應該展現溝通內心與外在行為的「一致性」。

情境個案

　　薩提爾認為比較好而完整的溝通模式需要關注自我、他人與情境等三個元素。先從設定情境展開，情境影響溝通發展與結果，它包含；事件、空間、時間、彼此的關係，以下提供幾個情境個案：

例一：導正失控青年行為的正確方法

　　失控的青少年，只是希望你聽見他們的「求救訊號」，理解他、接受他、協助他，而不是指責他、批判他。行為導正（re-direct）溝通方法要用對，你必須製造情境，讓對方感覺你在乎他，也在乎自己，才能成功完成溝通輔導。

例二：家庭溝通劇場

　　情境：先生請太太抽空到藥房領取快篩劑

先生：老婆妳前幾天不是說好妳會去藥房領取我們的快篩劑，要記得去領喔！

太太：好啦！好啦！（一邊說好，但臉轉向左側，不願意正視先生。）

情境1.先生用（指責型）的姿態：

先生：嘿！妳這是什麼態度！我們不是已經說好妳下班比較早，妳去領，現在這種態度是什麼意思？好像不太甘願喔！

解析：指責型對話者，只顧慮到自己的情緒，自己的想法，他只說自己想說的，並沒有觀照到對方，指責型的溝通者容易與人時起衝突。

情境2.先生用（討好型）的姿態：

先生：老婆！妳怎麼了！對不起！我是否說錯話了？妳不要生氣啦！

太太：你每一次都指揮我做事，我覺得很煩耶！（太太用指責型應對）

解析：討好者只知關心對方，卻忽略了自己，結果討好者的感受、想法與需求可能被對方徹底忽略。

先生：老婆！對領取快篩劑這一件事情，我們已經討論過好幾次，妳說下班的比較早，所以妳負責去藥局領取比較方便，假如沒有領到，改天我方便時讓我去領，我們不是早已協商好了嗎？妳怎麼不高興了？（先生講了很長的細節）

解析：大家雖然都知道講話應該就事論事，但在親密關係中，你論述太長，縱使分析條條有理，但事實上對方不一定有耐心聽清楚你真正要表達的內容。太過理性論述有時候無法聚焦在自己真正的想法，而且容易忽略對方的想法。

情境 4. 先生用（打岔型）的姿態：

先生：老婆！妳實在很可愛呢！妳看妳那個表情，我想妳今天工作是累了！妳今天的穿著很好看，配件也搭配的很好。

解析：先生既沒有完整表達自己的意見，也沒有讓太太表達她的想法。先生既沒有關注自己也沒有關注對方，他未關注太太把臉轉到左側這件事情，卻延伸出一些不相干的話題與事物上。太太對溝通會感覺更加不愉快。

「一致性的」溝通應對姿態

　　既然以上四種姿態對溝通都會產生不好的影響，到底什麼樣的姿態比較健康呢？一般而言，自己能覺察姿態，並願意為自己的姿態負責，這就算擁有健康溝通的基本能力了。譬如知道自己在指責對方，但你就是要指責，並且願意為指責的後果負責，這樣的行為是可以被接受的。這看似簡單，但是並不容易，因為很多人不清楚自己的感受、想法與期待，或者知道自己的感覺、想法與期待，卻不一定懂得如何表達，或者可以表達出來，卻不是以負責的態度表達，而是以控制者、受害者的方式表達，那就是不一致了。

　　溝通者必須認知「一致性是一種選擇，不是一種規則」。每一個人都可以選擇任何溝通姿態，但每一個人都必須為自己的選擇負責。

個案研討

　　今天去搭高鐵，因為出門晚了，你的心理有點著急，搭計程車抵達台北車站大廳準備走下地下一樓搭車時，遇上好幾群本地旅行團散佈在大廳，東一群西一群在高談闊論，你必須迂迴繞過人群才能往前走，結果不慎與一位中年婦人相撞，你不是故意的，但心裡會出現幾種反應？

　　「很抱歉，我在趕時間，我不是故意的，但懊惱自己連走

路都會撞到人。」

「啊！不是我撞到妳的吧？妳們不應該把一樓大廳空間都佔滿了吧！」

「我會說抱歉，但妳也應該跟我說抱歉。我的確不是故意的，如果有傷害到妳，我們請警察來處理。」

「我撞到妳了，對不起，有沒有傷到妳？」

每一個人遇到衝突時，有很多應對姿態可以選擇，日子是否能過的快樂？是否一生能過的幸福？對外來刺激的應對姿態將決定你一輩子的幸福指數。若總是採取「不一致性的」溝通姿態，只會指責對方、討好對方、超理智說理、頻頻打岔，都不是最好的選擇。唯有「表裡一致性的」應對姿態才能促進人際和諧避免衝突。

「一致型的」應對姿態以愛與信任為基礎，展現真誠、聚焦、友善。擁有一致型溝通風格的人，通常具有平和的、平靜的、有愛心的、能接納自己與他人、腳踏實地的性格特質。由於他能欣賞自己的獨特性，也能尊重對方的獨特性，所以能在自我與他人之間保持自由流動的能量。他們同時允許自己和他人表現脆弱的一部分，能接納自己和他人的自由。

他的言語：尊重現實，尊重自己，尊重別人，有助於雙方價值感的提昇。

他的情緒：穩定、樂觀、開朗、自信。

他的行為：接納壓力和困難、應對投入、顧全大局、樂於

助人。

他的心理：心平氣和、泰然處之。

不論你在什麼場合，什麼情境，希望溝通順暢、有效率，唯有採取「一致型的」應對姿態與對方互動才能在和諧、信任、彼此都很自由的氛圍下，實現雙方渴望的價值，完成溝通的目標。學習薩提爾模式，美好溝通是可以期待的。

工作坊：孩子的冰山

海峽兩岸積極推動薩提爾深層對話技巧的李崇建老師是冰山理論的教育專家與實踐家，李老師將薩提爾的家庭治療方式傳授給社會大眾，更協助許多家庭改善夫妻溝通、親子溝通。運用好奇心發展溝通的技巧確實是非常有效的一把打開對方心扉的鑰匙，製造共鳴，尊重對方不同的價值觀、滿足對方的渴望，細心聆聽對方的心聲，做出適當的應對，實現共同的願望……這就是薩提爾深層對話模式的精華、關鍵技巧。

以下使用情境個案說明薩提爾深層對話模式的發展技巧：

個案：想吹泡泡的小孩

（參考資料：冰山理論與李崇建老師輔導個案）

公園裡賣肥皂泡泡的小攤生意實在太好了！許多爸媽帶著小朋友排隊來買泡泡。三歲男孩小安帶著渴望也來攤販前跟

人排隊購買泡泡遊戲玩具，拿到玩具後，小安卻哭了，媽媽心想：到底發生什麼事呢？媽媽實在想不通孩子怎麼會忽然大聲哭起來，不是已經買到玩具了嗎？許多公園裡的遊客都望著媽媽與小安。

媽媽感覺有壓力，反覆問著小男孩，弄不清楚到底發生什麼事？媽媽一番好意卻成了最壞的結局，不分青紅皂白，一股火立即燒上心來，媽媽不耐煩地罵：「你不是說想買泡泡嗎？現在買到，你卻哭了！」於是媽媽將泡泡罐搶走，孩子哭的更急促說：「我要泡泡！」媽媽很生氣地說：「不買不高興！買了也不高興！你到底要怎樣！」賣泡泡的攤販老闆幫著媽媽對小男孩教誨說：「弟弟要乖喔！小孩子要聽媽媽的話！」聽完媽媽的指責，小男孩哭的更難過了，一把眼淚一把鼻涕。媽媽沒耐性，對孩子吼：「你這麼難管教，再鬧下去，不理你了！」眼看著一場親子衝突越來越嚴重。

若把這種情境交給善於運用薩提爾深層對話的專家處理，我們來看看他會怎麼做？

專家看著無奈的媽媽，送給她關懷的眼神，他在男孩面前蹲下來，專注看著男孩，停頓五秒鐘，雙手握著男孩的手，讓孩子有親近、信任、尊重、被關愛的感覺。幾秒鐘後，孩子的哭聲轉為委屈抽蓄的聲音，這時他才緩緩地問地問小男孩：「弟弟你還好嗎？」小男孩被問之後，眼淚又大量流出，但哭聲已不再是剛才的生氣而是一股委屈，專家停頓一下下再緩緩

地問他：「你看起來很難過，也很著急，是嗎？」

男孩哭聲開始收斂，對專家點點頭，專家專注溫和地問：「發生什麼事？」

孩子指向攤販各種顏色的泡泡罐子，他說：「我想要玩泡泡。」

專家指著媽媽手上的泡泡罐子：「媽媽手上那一罐泡泡，不是你想要的嗎？」

男孩搖搖頭說：「不是！」

專家繼續問男孩：「你要玩泡泡，但不要媽媽手上那一瓶，對嗎？」

小男孩再一次點點頭，表情比剛才舒緩許多。

專家再問：「這罐泡泡怎麼了？你怎麼不想要？」

孩子指著媽媽手上那一瓶泡泡：「那一瓶是別人不要的，我也不要！」

專家站起來問攤販老闆與媽媽，媽媽手上那一瓶泡泡是另一位小男孩剛剛退的貨，小男孩追問：「那是人家不要的，對嗎？」攤販老闆與媽媽都點點頭。媽媽終於弄清楚自己的孩子為什麼會哭？這時候攤販老闆趕緊說明：

「這一瓶是新的啦！沒有人用過。剛才來換的小朋友想要紅色罐子的，不要橘色的罐子。」

專家最後跟男孩核對事實，終於釐清媽媽手上這一瓶橘色瓶子裝的泡泡的確實是全新的，不是別人用過不要的。

媽媽在旁邊有所體悟：「溝通能力不是天生的，溝通需要學習。」

運用薩提爾對話技巧時，若能對照 PAC 交流分析與溝通三要素的社會能力、語言能力、認知能力，你將更加認同薩提爾模式的功效。

解析「孩子的冰山」

從以上情境分析小男孩的心理狀態是：

1. 我不會

2. 我不要

3. 我不想

4. 我不喜歡、我討厭

5. 我沒辦法

聆聽孩子們的表達，不要從表面上的語言直接批判行為的正確與錯誤，也不要用父母的標準（如同 PAC 理論的 A）指責孩子的胡鬧（如同 PAC 理論的 C），應該善用好奇心 抽絲剝繭釐清真相，幫助自己與孩子完成共同的期望，避免溝通失序。

讓我們解析語言的力量如下：

弟弟啊！你還好嗎？→關心與探索層次

你看起來很難過，也很著急，是嗎？→感受層次

到底發生什麼事啦？→**事件層次**

媽媽拿的那一罐泡泡，不是你要的嗎？→**期待層次**

你想玩泡泡，但是媽媽手上那一瓶不是你要的，對嗎？→**期待層次**

這一罐泡泡怎麼了？你怎麼不想要了？→**觀點、期待層次**

泡泡罐子是別人的退貨嗎？→**事件層次**

運用冰山理論六個心理層次與對方展開對話，在各層次運用提問技巧「刺激對方思考，取得回應」，有助於深入了解對方，掌握正確資訊，也能夠幫助對方了解他自己，只要對話方法正確，化解溝通冰山並不難。

好奇心溝通的六個成功要素

要素一：呼喚對方的名字或稱謂

職場溝通、銷售溝通、社會溝通、家庭溝通都適用，說話前加上對方稱謂或名字，瞬間可以拉近雙方的距離，撤除陌生、警戒的心理藩籬。剛才專家曾說：弟弟啊！你還好嗎？就是提醒對方我很重視你，若直接說：你還好嗎？溝通效果將大打折扣。

要素二：停頓

完成一件事情的敘述或呼喚對方名字後，停頓三秒鐘。

剛才專家曾說：「發生什麼事？……」然後停頓不說話，

提供對方回應的思考空間，不要像連珠炮一般說話。

要素三：從對方感興趣的事物介入

從對方感興趣、關心的事物介入，最容易打開對方的心扉，有利於深層溝通。

要素四：避免說為什麼

不問對方為什麼，只問對方發生什麼事？你還好嗎？怎麼了？我很好奇⋯⋯。順利展開對話之後，再使用「怎麼辦？」引導對方向自己負責並提出解決方法。

要素五：複誦對方的語尾

對對方回應的內容，表示理解、支持，並澄清他的意思、協助整合他的意見。專家剛才應用：你想玩泡泡，但不要那一罐，對嗎？

溝通對方最期待的是你能聽懂他說的話，並且理解他支持他，但也要同時幫助對方澄清他的想法或企圖。

要素六：精簡對方的敘述

濃縮對方的意見，提出精簡的結論。

薩提爾對話有三個方向：

方向一：不解決問題，而是對人的關注。

先關注事件對人的衝擊，而不是先關注問題如何解決。

方向二：回溯時間，探索問題的成因。

回溯個人經驗，與冰山形成一個十字框架，回溯的年表就是時間軸，冰山是空間軸。每一個時間軸中，都有其歷史性的空間軸，每一個冰山的空間軸裡面，都有能夠回溯的歷史事件。深度溝通必須協助對方將事件依照「時間序列」整理出來，避免對方腦中資訊一片混雜，造成溝通時講不清楚。

方向三：詢問具體事件，在細節處提問

除了能具體了解，也能讓對話一方將事件陳述的更為清楚。例如：什麼事？自己是誰？你的渴望是什麼？幫助被諮詢者運用細項逐步進入冰山脈絡。

「演練」：數學考試成績不及格如何探索孩子的冰山？

・行為：逃避、不安。

・感受：擔心沒面子、害怕被父母罵。

・想法：我的數學運算能力不行。

・期待：希望父母能接納他考不好，希望老師能幫助他，希望自己能進步。

・渴望：被接納、被信任。

・自我、生命力：我能被接納、能被理解，我是有價值的孩子。

薩提爾的對話練習

學習一致型溝通風格，首先要誠實面對自己對對話情境的感受，同時也要站在對方立場思考。薩提爾提供一個有效的方法：「我」訊息（The "I" message），它不僅能有效傳遞個人感受，同時以尊重他人的方式邀請對方參與解決問題，這種對話模式可以避免討好、責備、批判、爭吵的發生。

「我」訊息的 5 步驟

步驟 1：具體地描述情境

步驟 2：以「你好像⋯⋯」描述對方的行為

步驟 3：以「我感覺到⋯⋯」描述自己感受

步驟 4：以「我希望⋯⋯」表達自己的期望

步驟 5：邀請對方共同解決問題

應用

上午我在辦公室忙到沒接妳的電話，「妳好像」對此生氣了很久。「我感到」很不好意思，「我希望」妳能諒解，以後是否我沒接電話時，請妳使用簡訊通知我，避免雙方溝通不良。

Miller & Rollnick 動機式晤談

態度與核心精神最重要

根據 Miller & Rollnick、Stinson & Clark 專家論述，晤談的態度與核心精神最重要。這一點與薩提爾冰山理論強調的好奇心、溝通姿態可說是一致的。本書提供不同場合適用的不同溝通方法，目的在幫助大家能成為全方位 360 度溝通大師。

以對話促發動機

動機式晤談法 Motivational Interviewing（簡稱 MI）是以個案為中心的引導技巧，一種互相合作的對話方式，目的是為了強化個案的動機以及承諾改變。

動機式晤談法最重要的核心在於「以對話促發動機」，採用的態度與方法包含：

・合作（collaborative）

・觸發（evocative）

・提升自尊（honoring of patient autonomy）

　　動機式晤談由 Miller 和 Rollnick 在 1980 年提出，動機（motivation）包含動力（motives）和行動（movement）。動機式晤談的目的在探索和解決個案對行為的偏執與希望獲得改變。介入方式著重於鼓勵個案說出他們為什麼想改變及如何改變，改變歷程核心的部分取決於「動機」的強弱，也就是「期待改變的準備程度與意志力」，包含個案是否覺察到問題的嚴重性，以及是否有足夠自我潛質可以達成預期目標。

晤談的態度與精神共有四項：

第一項：夥伴關係（partnership）

　　治療輔導者與個案關係不能是對立的關係，而是夥伴關係或是合作關係，通過溝通促進個案產生有意義的改變，而非表面上的配合及順從。晤談時應避免扮演權威性角色，減少說教式的回應，這一點非常重要，引導個案共同看待問題而非從旁為他下指導棋。最重要的技巧是「諮商歷程要以個案自己想改變為出發點，由個案角度來看事件本身。」在過程中輔導者提供陪伴，營造良好的互動氣氛，將「要不要改變的責任」，信任個案，交給個案自己決定。若使用指導關係容易使個案產生

反抗、不合作，讓個案擁有自由意志是輔導成功的重大要件。

第二項：接納（acceptance）

接納是動機式晤談的關鍵要素之一，想要影響個案願意改變，必須與個案建立彼此親近與信任的人際關係。接納不代表完全認同，諮商雙方必須建立接納與互相尊重的態度。提供適當的尊重讓個案在他們的問題上願意更加開放和誠實面對，並產生確切同理心（accurate empathy）及自主性（autonomy）。最終藉由肯定（affirmation）的正增強作用，加強個案的具體言行允諾，達成改變個案想法或行為。

第三項：同情心（compassion）

同理心是溝通的引水渠道，激勵是溝通的萬靈丹。諮商輔導專家與個案展開溝通時，最常使用同理心。因為同理心可以達成支持、陪伴疏導與了解的效果，可以幫助輔導者進入個案的內心。父母對子女的平時溝通或問題輔導也應多多採用同理心，換位思考的溝通手法。

第四項：喚起（evocation）

觸發、喚起深刻的感觸與情緒、這種感觸與情緒必須是令人愉悅的情緒。

動機式晤談：OARS 技巧

為什麼他都講不聽

溝通最令人懊惱的是「為什麼他都講不聽」，想要改變對方，多學心理學就可以破解生活中的大小事。

動機式晤談法是針對如何讓個案準備好展開行為改變的心理介入模式，其中的核心議題是了解並處理「矛盾」。治療主要的基本原則是「表達同理心」、「創造不一致」、「抗拒纏鬥」、「支持自我有能感」，以上都深具西方強調的「個人主義」特質。

三種溝通模式

溝通有命令式、傾聽式、引導式三種模式。輔導者深具不使用命令式溝通，輔導個案要多用傾聽式溝通與引導式溝通。這裡所謂的引導式溝通，輔導師不必告訴個案他該怎麼做，個案尋求你的意見時，輔導師只要分析問題的每一個面向，再讓個案自己做出決定。

交換訊息

交換訊息聽起來似乎很簡單，但重點是：個案能聽進去多少？提供訊息和忠告其實是一個雙向而且複雜的溝通，盡量設法帶動個案願意敞開心胸進行資訊透明化的交流。

動機式晤談：OARS 技巧

O：開放式問題 open-questions

開放式問題提供對方自由思考的空間，讓對方選擇自己想回答的內容，有利於發話者有效掌控對方的思考脈絡。在談判學的論述中，開放式問題的目的是「引蛇出洞」，有助於諮商者「順藤摸瓜」，了解對方的想法。

A：肯定 affirmations

對對方陳述的事件給予肯定，鼓舞對方願意多講一點，引導對方找回自我。支持性的回應能引導對方更有信心，願意說出更多的內心話。

R：回饋式傾聽 reflections

用封閉式問句與個案溝通，注意傾聽並及時回饋，必要時複誦對方的構想，讓個案感覺有人對他的陳述產生興趣，並且理解他說話的內容，回應式傾聽有助於溝通的持續發展，不至於造成中斷。專家型的傾聽稱為積極傾聽（active listen），包含五到：眼到、耳到、心到、口到、手到。回饋式傾聽必須展現以上五到讓個案感受得到你有注意在聽他所說的話。

S：做摘要 summaries

將對方的說話內容做精簡的整理，在每一個段落都做出一個結論。幫助對方總結他自己說話的重點。

溝通的「change talk」和「sustain talk」

Change talk 指的是有意圖改變的對話，例如：

「我有點想要改變」、「改變的確很重要」、「我想從做這些事開始做」。

Sustain talk 指的是意圖「維持現狀」的對話，例如：

「改變似乎很困難」、「我現在沒時間想這些問題」、「我感覺使不上力」。

研究結果，Sustain talk 指的是意圖「維持現狀」的對話，行為上就會有實質的改變。個案若總是說一堆 sustain talk（希望維持現狀的敘述），他未來將不太會改變。動機式晤談的目標，是在對話的過程中引導個案多說 change talk，少說 sustain talk。

MI 溝通案例

用開放型問句（open question）引導個案回應 change talk 是最有效的溝通方式。以輔導高血壓病患改變生活型態為例：

「為什麼『控制好血壓』對你很重要呢？」

（因為我想要活過 90 歲）

「你知道『血壓沒控制好』會出現什麼問題？」

（心臟病或腦溢血）

「有許多方法可以控制血壓，你現在馬上可以做什麼呢？」

（我不要常生氣）

「你覺得你還可以做些什麼呢？」

（我應該定期量血壓並做詳細記錄）

「未來你如何控制你的血壓？」

（固定吃藥外，多補充疏通血管的營養品）

Chapter 8

職場溝通力
提升計畫

01

用「輔佐上司」取代
「向上管理」

360 度職場溝通

公司是第二個家，它的重要性與第一個家的重要性幾乎是等量齊觀。

如何在職場上發揮所長成為人生勝利組，專長是第一個成功要素，溝通是第二個成功要素，光有專長卻無法與人相處、與人溝通、與人合作，專長不會產生作用，所以培養職場溝通能力是生涯發展中的重中之重。

360 度溝通包含：向下溝通、向上溝通、平行跨部門溝通、對外溝通四個向度，每一個向度的溝通都非常重要，不可偏廢其中任何一項溝通。

「溝通意識」工作坊：沙漠逃生記

　　企業執行力包含三大流程，依序爲人員流程、策略流程、營運流程。每一項管理流程都少不了溝通功能。溝通貫穿企業執行力的每一個環節。如何提醒員工重視溝通、提升溝通品質，是一項非常重要的管理課題。

　　「沙漠逃生記」是很簡單有趣的「溝通意識工作坊」，它是很有效的團隊溝通訓練課程，讓員工自己察覺團隊溝通的必要性與價值，請將受訓員工依團隊人數多寡每 5-10 位分成一個小組。

　　情境：1945 年飛機迫降在美國西南沙漠，機長殉職前告訴 10 位乘客，當地沙漠白天氣溫 35 攝氏度，晚上降至 5 度，有少數可食植物，周圍沒有人住，最近的礦區在西北角 100 多公里處，機上有以下 15 項物資。當年沒有 GPS 定位，沒有手機可用，航班很少，飛機迫降後將於 5 分鐘後燃燒爆炸；現在飛機落地了，請每一個人「不能與人溝通，只能自己跟自己溝通」，迅速選擇 5 樣求生物資，然後迅速脫離飛機。

「第一階段 - 個人決策」

　　這一階段員工彼此不能溝通，請每一個人在 5 分鐘之內選擇 5 樣物資，並排出 5 樣物資的優先順序，準備逃生之用。

個人選擇團隊選擇物資

☐☐　　01. 手電筒

☐☐　　02. 小刀

☐☐　　03. 地圖

☐☐　　04. 大型塑膠雨衣

☐☐　　05. 指南針

☐☐　　06. 急救箱

☐☐　　07. 45 口徑手槍

☐☐　　08. 紅白色降落傘

☐☐　　09. 一包鹽片

☐☐　　10. 1/4 加侖水袋

☐☐　　11. 沙漠可食食物指南

☐☐　　12. 太陽眼鏡

☐☐　　13. 伏特加酒

☐☐　　14. 外套

☐☐　　15. 化妝鏡

5 分鐘後，小組長請每一位組員一一說出他未經與人溝通的個人抉擇，並說明選擇那 5 樣物資的理由。

分享完成後，組員們將發現小組中沒有一個人的想法與另外一個人的想法是一樣的，每一個人選擇的 5 樣物資幾乎都不一樣，不僅優先順序不一樣，價值觀更是不一樣。

「第二階段 - 團隊決策」

由小組長帶領組員用 20-30 分鐘進行意見交流，每一位組員都要說明他為何做出這樣的選擇組合？最後每一小組通過溝通提出最理想的 5 樣物資。

討論過程中，最常聽到的說法是「哦！我沒有想到你所考慮的。」「我覺得你的想法比較可行。」最後大家取得一項共識：溝通很重要！「團體智慧優於個人智慧」。

02

彼得・杜拉克：輔佐上司

　　如何與主管共事，台灣企業習慣使用「向上管理」的說法，這是不精準的職場管理用詞，主管怎麼會需要部屬向上管理呢？正確說法應該是「輔佐上司」。「輔佐上司」一詞來自管理大師彼得・杜拉克的一門課程。

　　彼得・杜拉克教導企業員工成功輔佐上司時，必須注意以下事項：

・了解上司對公司或部門的管理目標

　會議中細心聆聽上司的指示，了解上司的治理目標，不論在哪一種場合與他溝通，都要聚焦於他的管理目標。

・了解上司的溝通性格

　溝通性格分成決斷型、思考型、親和型、公關型四類。決斷型上司說話少決策快，思考型說話少決策慢，親和型說話多決策慢，公關型說話多決策快。了解上司的溝通性格，部屬

與上司共事才能出現同步化行動。

· 了解上司的思考邏輯

　溝通不只靠口才，口才必須要有內容，內容是一個人思想的呈現，也是心態的展現。部屬了解上司在想什麼？為何這麼想？思考邏輯是什麼？了解他看事情的邏輯性，你就明白該如何輔佐他。

· 了解上司的價值觀

　每一個人的價值觀不同，與上司共事時必須實踐他的價值觀，除非上司授權讓你決定事情。

· 善用上司的專長

　彼得‧杜拉克說上司不是萬能的，部屬要懂得善用上司之長，補上司之短。

· 了解、分擔上司的壓力

　與上司處事要敏銳察覺他的壓力，及時幫他承擔，不必凡事都經過溝通。

· 了解上司對你的期望

　選擇適當的溝通機會，讓上司告訴你他對你有哪些期望，一來交心，二來了解如何配合上司工作。

· 讓上司了解你能為他做什麼

　主動請纓上陣，讓上司知道你的工作企圖心。

· 了解、善用上司的資源

　善用上司的資源，借力使力，讓自己的工作更加順利。

- 了解上司的時間管理

  配合上司的職場作息，避免干擾他的工作，了解他對完成目標的期限要求。
- 了解上司的工作要求

  上司習慣用耳朵聽報告？用眼睛看報告？還是喜歡視訊簡報？仔細聆聽上司對你工作要求的關鍵績效指標（KPI），他評估你的工作績效將以該項標準為依據。
- 了解上司的標準與紅線

  與上司共事，不論是溝通用語或行為模式，都要特別留意他的標準與紅線，不可踰越。

03

鼓勵與回應：TRUE 法則

―――――――

TRUE 法則是主管提升員工工作意願與效率的最佳職場溝通態度。

· Timely 及時的
· Responsive 有回應的
· Unconditional 無條件的
· Enthusiastic 熱情的

主管希望員工工作充滿熱情，你的溝通態度是管理的關鍵，及時溝通展現你對部屬與工作的尊重，有問有答表示你重視他的問題，無條件指導表示你無私奉獻，重視人才培育，溝通時熱情投入表示你樂在工作。

美國行為學家萊曼・波特（Lyman Porter）認為，老是盯

著下屬是團隊領導者最大的錯誤。通用電子（GE）傑克‧威爾許說：管理者過於關注員工的錯誤就不會有人敢嘗試創新。TRUE 法則可以免除以上主管的偏差行為。

04

跨領域協調：CLEAR 溝通模式

CLEAR 溝通模式（Hawkins & Smith, 2014）對導正員工職場行為具有很大的功能。「CLEAR」代表 C：連結、L：傾聽、E 探索、A：行動、R 檢視等五種溝通功能（如圖）。

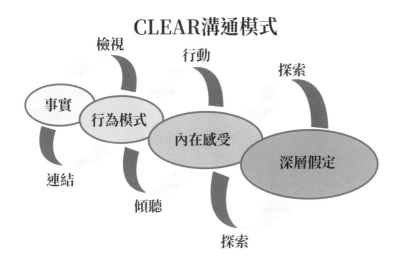

CLEAR溝通模式

一. 連結（Contracting）：

首先建立主管與部屬為教練（coach）與學員（coachee）的關係。

二. 傾聽（Listening）：

主管仔細聆聽部屬描述工作中的真實狀況及細節，包括：現況、行為及內在感受等。過程中，不予以任何批判，並適時運用同理心讓部屬感受到主管了解他。也可以運用簡短的對談來多認識對方，建立親近與信任的雙重關係，讓部屬更勇於接近主管，塑造良好的溝通氛圍。

三. 探索（Exploring）：

在本階段教練必須開始尋找改變的可能性。此階段最重要的部分是「對話」。教練透過提問幫助對方從不同觀點來探索部屬自身所面臨的情境，並延伸出新的觀點及可能性。探索工具包括封閉式問句、探詢式問句。

1. 封閉式問句：

用來蒐集事實現況。例如：

「你一天大約處理多少新增保險客戶案件？」

「這個案件的處理流程是什麼？」

2. 探詢式問句：

用來了解行為、感受、甚至是深層的想法。例如：

「你不喜歡處理這一類顧客問題的原因是什麼？」

「你對增加工作量的反應是什麼？」

四.促進行動（Action）：

在探索之後，通過溝通雙方一起制定新的行動計畫，並鼓勵進行模擬演練，熟悉新計畫的作業方式。

五.檢視（Review）：

在行動之後，了解執行績效以及觀察情況是否有所改變，做為調整教練方向的依據。

通過以上這五項教練式溝通的交叉運作，協助部屬從事實、行為、感受及假定等四層次來分析事情，並訂定行動計畫，進而帶動改變與成長。溝通不能讓它單獨存在，溝通必須在行為功能下運作才能產生作用。

案例：

下班前，影印機事業部蘇協理批閱完公文準備離開辦公室。

城北業務部王經理走進來問：「張協理，您有時間嗎？我可以和您談一下嗎？」

（連結：部屬主動向主管詢問建立連結）

協理：「沒問題，請坐。」

經理：「這一季業務員業績競賽，業務部出現一些不正常狀況。」

協理：「出了什麼不正常狀況？」（探索：詢問並了解事實）

經理：「由於業績競爭激烈，業務員出現違規越區搶單造成同事們關係緊張。」

「城南城北兩區業務課長彼此開會溝通有些火藥味。」

協理：「我了解了。」（傾聽：不予以批判）

經理：「本週大家的同事關係不僅沒有改善，反而競爭越來越激烈。」

協理：「那你怎麼做呢？」（探索：了解行為模式）

經理：「我目前的做法是私下安撫他們的情緒，請他們遵守公司規定理性競爭。但狀況並未改善，我有力不從心的感覺。」

協理：「所以，你目前感到困頓，不知道該如何解決？你擔心同事們的感情被破壞了！」（傾聽：以探詢式問題探索、了解部屬的內在感受）

經理：「對啊！業績壓力與團隊凝聚力很難兼顧，很困擾，壓力很大。」

協理：「你有沒有想過找他們二位課長坐下來談一談？」（探索）

經理：「目前還沒有。我擔心他們面對面會出現火爆衝

突，變得更不愉快。」

協理：「你覺得那樣不可行嗎？」（探索：了解深層假定）

經理：「當面衝突不好吧……我希望同事之間以和為貴。」

（透過溝通，經理更了解自己行為背後的價值觀與深層假定）

協理：「我了解了。團隊和諧的確是很重要的一件事，不過，像蘋果賈伯斯（Steven Jobs）說的，有價值的衝突不一定是不好的。但我可以體會你的感受，這件事的確不好處理。」

經理：「也許，我是過度擔心，不敢面對同事們的衝突。」

協理：「史蒂芬・賈伯斯說，讓一群優秀的人才彼此競爭衝突，他們會產出更棒的點子，你可以參考賈伯斯的觀點，安排兩位課長坐下來討論，訂出兼顧業績競爭與團隊和諧的完美計畫。」

（促進行動：提供資訊、點子，督促制定行動計畫）

經理：「好，我來朝協理的指示辦理。」

協理：「好，我們下週一上午十點，大家一起舉行業務協調會議。」

（檢視：行動後，追蹤情況是否已達成預期的改變，並決定下一步的教練方向）

05

教練式溝通

———————

　　部屬培力包含職能發展（development）與工作賦權（empowerment）兩個部分。透過領導者的影響力，協助部屬在工作中開發自身潛能，願意且能夠承擔各種不同任務，藉以培育組織未來人才。

教練能力（Coaching）與角色功能

　　「教練」在職場上輔導部屬，扮演「帶教」（帶領教導）的角色。「教練 coaching」一詞發源自 1830 年代英國牛津大學對於導師的用語，爾後被運用到運動場上，至 20 世紀時則普遍地被運用在職場上，成爲今日所熟知的「教練」一詞。它是透過「有規劃」的互動及採用適當的方法，培養與部屬間之信任感、引導部屬自己發現問題、協助部屬設定改善目標、從旁觀察並鼓勵其付諸行動，使部屬能夠從現況邁向期望

的目標，並提升部屬的潛能（Cox, Bachkirova, & Clutterbuck, 2014）。

教練（Coaching）的過程涵蓋許多領域的知識，包含：社會心理學、組織管理學、教育心理學、哲學等。在各項知識中又以「成人學習原理」為核心中的核心。這個原理強調成人的學習以「實務」為導向，學習的目的是希望能立即應用，解決生活或工作中的問題（Knowles, Holton, & Swanson, 2005）。

教練式溝通與輔導（Coaching Skill）

教練式溝通與輔導是一門「引導部屬產生自發自律行為的溝通技術」。教練處於輔助的角色，先觀察聆聽部屬的問題，再使用對話引導對方自力尋找答案與解決方法，進而朝成長目標努力的一種「心理輔導式的領導溝通模式」。

教練是何人？溝通專家？

教練是以溝通技術反映學員的心態，激發學員的潛能，幫助學員及時調整到最佳狀態去創造成果的人。Coaching「教練」著眼於「激發人的潛能」，它是一種態度訓練（AttitudeTraining），而不是 KnowledgeTraining（知識訓練）或 SkillTraining（技巧訓練）。教練猶如一面鏡子，以中立、持平、帶引的身份反映學員的心態、問題及激發他的潛能，幫助學員產生螺旋式成長。接受教練式輔導的過程中，Coaching

有很多反思的時候，透過這些坦白和深入的反思，他可以有許多不同的體驗，創造有效改善的結果！

> 個案：

員工：老闆，您忙嗎？

老闆：有什麼事？

員工：您看我跟王經理一起來的，我工作也挺努力的，為什麼他升職那麼快？我還是個小職員呢。

老闆：我現在交給你一項任務，你去公司樓下文具店看一下還有沒有 A4 影印紙。

員工：好的！（轉身下樓）

老闆：回來啦！多少錢一包啊？

員工：老闆，100 元一包。

老闆：哦！100 元一包啊！那店裡還剩多少包？

員工：好的！您等一等。（轉身又下樓）

老闆：你做事的方法不對，我找王經理來做給你看。

老闆：王經理，你到公司樓下文具店看一下還有沒有 A4 影印紙。

經理：好的！老闆！（轉身下樓）

經理：有 A4 紙，一包 100 元，一包 300 張，還有 9 包，一起買下來，還有優惠。我看了生產廠家，這個工廠生產的紙張質量特別不錯，以我們公司的這種消耗速度，我覺得可以直

接在工廠購買一批做為庫存。

　　這是工廠的電話。

　　老闆：做的很好！你先下去吧！

　　員工：老闆！我知道以後該怎麼做了！

　　（以上個案取材自網路抖音）

06

GROW 增長模型

　　爲了有效培育員工的工作能力，建議企業主管使用 GROW 增長模型幫助員工成長，它包含四個階段，請關注每一個階段的溝通用語技巧：

　　G = Establish Goal ／與部屬溝通協助建立目標

　　R = Explore Reality ／審查當前工作事實

　　O = Consider Options ／找出障礙、探索對策

　　W = Way Forward ／激勵部屬堅定意志付諸行動

步驟一：建立目標（Establish Goal）

　　安排與你的部屬們舉辦一場教練會議。

　　主管必須定義和同意預定的目標或結果。

　　主管必須幫助您的隊員定義具體可測量和可現實的目標

（SMART 法則）。

· 主管對部屬執行教練式溝通的提問技巧：

「你是否了解建立目標的價值？」

「你應該依據什麼來規劃你的目標？」

「你如何具體規劃你的目標？」

「你如何確認你可以達到那個目標？」

「以上若不確定時，你將如何解決問題？

步驟二：審查當前工作事實

要求部屬描述當前工作現實並做評量

審查目前工作實際表現距離與理想目標差距有多遠？

請部屬說明需要有效地解決哪些問題

引導部屬告訴主管關於他們的當前現實

解答（工作改善）將會開始湧現

· 主管對部屬執行教練式溝通的提問技巧：

「目前的工作發生哪些問題？」

「目前有哪些工作脫序或未能達標？」

「什麼因素造成這種結果？」

「你對目前的事實應該感到不滿意吧？」

步驟三之 1：找出障礙

鼓舞部屬自己尋找不能達標的障礙。

勇於面對問題，找出內在心理因素、個人能力因素、跨域協

調因素、時間管理因素、外在環境因素……等。

步驟三之 2：探索對策

找出影響達標的障礙時，應當即時鼓舞部屬，要求員工自己構想解決問題的方案，並做出最佳的抉擇。

· 主管對部屬執行教練式溝通的提問技巧：

「你想過哪些方法可以解決問題？」

「多想一下，排除哪些限制，你就可以做的更好？」

「你認為選擇哪一種解決方案是最可行的？」

「你採用哪一種方法可以提昇績效？」

步驟四：堅定意志付諸行動

經過檢驗當前現實和探索後的選擇，部屬已有一個好想法，以及怎樣可以達標的方案。主管的最後一步，必須要求部屬強化他們的意志、不斷激勵、永不鬆懈，即時展開具體行動改善目前工作現狀。

· 主管對部屬執行教練式溝通的提問技巧：

「你已經找到方法，如何落實目標、計畫、執行、追蹤、考核？」

「遭遇問題時，你如何分辨自己可以解決問題？還是需要請求組織支援？」

豐田式會議溝通

豐田汽車公司認為會議應該是「創造價值」、「創造事業」、「創造市場」、「人才開發」的場合，需要的是充滿緊張感的意見交流。「豐田生產式自主研究會」是一場充滿緊張感、創造性的意見交流的活動，豐田人會議有七個習慣：

一、仔細傾聽他人發言

二、主動思考問題在那裡

三、為他人打氣並提案

四、貢獻如何「打勝仗」的智慧

五、互相諮詢討論

六、根據事實

七、先做做看

豐田汽車公司主張高效會議應該符合以下條件：

一. 必須製造會議的「緊張感」，沒有緊張感就不是會議。

二. 必須落實「徹底溝通」，與會人員不拿出「一決勝負」
的態度唇槍舌戰地討論，即不是在開會。

三. 會議表達意見要有「創造性」，必須提出決定未來發展的
創新觀點。

強力對話（Robust Dialogue）

強力對話的特質

沒有強力對話就不可能出現具體的結果。

強力對話的特質（1）：

不拘形式、坦承、主動、積極、面對面、針對問題、就事論事、追根究柢、以事實為依據、提出有效對策。避免形式化溝通，形式化溝通的缺點：壓抑對話、無法說出實話。

強力對話的特質（2）：

坦承為公事，對事不對人，不涉及懲處，鼓勵為公司奉獻。溝通態度輕鬆而不放鬆，正經而不嚴肅，鼓勵論述，不打斷員工發言，不斷質疑辯證，接受批判或反對。

強力對話的模型

模式（一）：問題型對話

發生什麼事（問題界定）

5W3H？（為何發生－哪一項最重要）

你認為問題將造成那些影響

誰應該負責？誰可以改善？

如何改善？提出行動計畫與考核方法

模式（二）：策略型對話

計畫的事實依據是什麼？（環境因素）

假設的準確度如何？

有能力執行嗎？確定嗎？如何改善？

如何執行？質疑（反瞻）？如何改善

追蹤與考核制度如何？

強力對話的目標

打破沙鍋問到底，一定要讓事實或問題呈現出來。強力對話的最終功能包含：

・找到真正的問題

・了解真正的想法

・尋找事實的依據

・提升創造力，產出創意觀點

．提出高成功率的執行方案

案例：

一 . 員工向主管報告之前，事先省思的 **4Q** 提問：

Q-1：要談什麼先想清楚？

Q-2：造成這事的原因有哪些？

Q-3：要解決問題的方法在哪？

Q-4：你自己認為最好的方法是什麼？

二 . 高層主管向中階主管提出會議前事先準備的 **5Q** 提問：

Q-1：公司正面臨什麼最重大的挑戰？

Q-2：為何公司正面臨這些挑戰？

Q-3：尚未開發的成長機會有哪些？

Q-4：開發這些機會，需要做什麼？

Q-5：你是我，會把注意力集中在哪？

有充分準備的會議，才能創造高績效的會議成果，避免會而不議，議而不決，決而不行，行而無效。

強化員工行為的溝通模式

溝通的功能非常強大，應用範圍也非常廣泛，強化員工行為，讓他一步一步表現得更好的溝通模式，可以採用「表揚、認可、不表揚、批評、深入意識」等技巧，最後讓員工的良好表現成為「習慣化」。

強化（reinforce）員工行為有三種溝通模式：

一. 表揚、認可

· 在完成任務時與部屬共同慶祝。

· 勇於對部屬說感謝、慰勞的話。

· 對部屬的工作進展表示關心。

二. 不表揚、批評、要求改善

· 針對未完成的目標，不予表揚，給予批評，要求改善。

· 傳達對他的看重培養，避免失去信心。

三. 深入對方的大腦意識

· 讓部屬說明他打算做什麼，如何改善。

· 讓部屬分析好與壞的結果。

將員工的正確行為變成習慣化的技巧：

一. 員工必須學會明確理解他要做什麼事。

二. 員工具有相對應的知識、技能。

三. 員工自己認可做那件事。

四. 設計表彰制度、激勵制度、評估標準等，使有意識的行為變成無意識的行動規則。

五. 運用教導技巧調動員工的工作熱情，由等待指示型人才轉變為自立自律型人才，由上司指示轉變為自主能力開發、懂得自我激勵。（參考資料來源：AMA）

Chapter 9

衝突管理—
溝通力勁升區

避免衝突比處理衝突更重要

衝突的傷害如此嚴重

人生因衝突變成黑白

　　甜蜜的愛情因衝突變苦果，美滿的婚姻因衝突被破壞，家人的和樂因衝突變冷漠，職場的前途因衝突而終結……脾氣硬的人，自認優越的人，自視過高的人，喜歡批判的人，最容易與人衝突，結果傷了自己的健康，毀了家庭婚姻，壞了職場關係，失去社會朋友，失去商場顧客，可說處處得不償失。

　　例如：車禍現場，肇事者互不相讓告上法庭，勞民傷財，就為了賭一口氣爭一個理。婚姻本來沒有那麼嚴重，但雙方不會處理衝突，事情越鬧越大，大到非得離婚才能收場。欠錢討債不成，雙方衝突揮刀互砍，幾乎出人命。不懂得處理衝突，後果非常嚴重。

心智是衝突的根源

　　人際衝突的理由、肇因多如過江之鯽，隨手拈來都是一個理由、一個藉口。其實人際衝突的主因只有一個「心態問題」，心態問題來自彼此之間的心智衝突！「心」包含溝通中兩人的能量場是否具有協調性？能互相吸引？這聽來似乎是潛意識第六感的問題，其實不是，是人的「大腦意識」通過神經傳導系統與「心識」結合，然後決定「喜歡你或不喜歡你」。世間不論任何衝突，都來自心與腦的反應，這個心腦結合起來的反應即形成人與人互動的「態度」，或稱「姿態」。原來「心智」是人際溝通衝突的根源。

能溝通就溝通，盡量避免衝突

　　衝突之前，能溝通就溝通，能協商就協商，能讓步就讓步，能妥協就妥協，衝突終究不是一件好事，別人射箭過來，能躲開就躲開，不要直直站立等著中箭。衝突絕對沒好事，不論哪一方輸或哪一方贏，最後通通都傷心傷肝。避免衝突會有福報，經常與人衝突的人就是「是非之人」，四處惹事生非，好鬥成性，亦稱「鬥雞人」。

哪些人容易與人衝突

　　擁有以下習性的人，溝通時容易與人起衝突：

- 天生好鬥的人，講話霸氣凡事喜歡與人爭出輸贏，愛吵架。
- 防衛心強的人，老想爲自己爭取最大利益，愛比較、愛計較。
- 自卑心強的人，擔心被人欺負、被人看扁，自尊心作祟。
- 事理不明的人，無法分辨事理，經常無理取鬧。
- 腦筋不好的人，腦筋缺乏思考能力，反應不過來，只好堅持立場。
- 優越感強的人，凡事一定要強壓對方，好強爭勝。
- 愛面子好辯的人，好辯成性，面子比什麼都重要。

　　衝突的習性能不能改，端視你想追求什麼樣的生命品質來決定。若你認爲衝突就衝突嘛！每天與人衝突，我已經習以爲常了！秉持這樣的態度，你可能就不會想改善人際關係而繼續扮演鬥雞。

不要與三季人強辯

　　頭腦一旦灌入新觀念，再也不會重返舊空間（Oliver Wendell Holmes）。人的溝通理念與技巧必須隨著年齡增長而精進，不宜馬齒徒增，脾氣越來越壞，心胸越活越狹窄，事理越來越不明。

三季人的故事

　　與三季人溝通，經常出現對方對問題一無所知，無法理

解，造成雞同鴨講……因為認知問題形成的溝通衝突，天天都在你我之間發生。看完三季人的典故，你對無理取鬧、冥頑不靈的溝通對手將能大大釋懷。

《三季人》的故事與孔子某位弟子的傳說有關。相傳孔子的這位弟子，平日最喜歡與人爭論，一天他去拜訪孔聖人的時候，在聖人家門口遇見一個穿著綠色衣褲的小童，小童攔住他問道：聽說你的老師是孔聖人，那麼你的學問應該挺好的，我現在想請教你一年有幾個季節？回答出來了，我給你磕頭，回答錯了，你給我磕頭！

弟子想了一下說：四季。童子說：錯了，三季！弟子就奇怪了：明明是四季，怎麼到你這裡就變成三季？正當兩人爭論不休之時，孔子出來了，然後童子對聖人說：聖人，你來評評理！一年到底有幾季！聖人打量了一下童子答道：三季。童子高興的要弟子跟他磕頭，然後很得意地離開。弟子不解，遂問孔聖人：老師，您教我們的時候說一年有四季，為何今日卻說是三季？聖人回答說：你不見那童子不是人嗎，它是一隻蚱蜢變的，蚱蜢一生中只能活春、夏、秋三個季節，牠哪裡知道有冬天這個季節呢？你與他爭論是不會有結果的。弟子這才恍然大悟，叩拜老師的教誨。《三季人》的寓意是提醒我們避免與認知不同的人爭論，認知「賢人爭罪，愚人爭理」是處理衝突管理的大智慧。

賢人爭罪，愚人爭理

「賢人爭罪，愚人爭理」，指賢能的人善於檢討自己的言行，愚昧的人只會堅持與人爭辯道理。賢人有度量、有涵養，能自省。愚人外求事相，好強爭勝，迷失心智。「賢人爭罪，愚人爭理」是處理衝突時的智慧，若需要追求真理，建議就事論事，窮理致知，態度溫和、立場堅定，這樣便可以捍衛真理又可以避免衝突。

紅羊的智慧

陷入溝通衝突時，趕快想一想「因為衝突可能付出的代價是什麼？」當這個念頭在腦海中閃現，你馬上可以為眼前衝突停損。

有一天，紅羊與白羊在獨木橋中間僵持對峙，一隻要往東一隻要往西，誰都有不讓的理由。紅羊評估黑羊的幸福指數比自己低，當下決定讓路避開衝突，因為自己的幸福指數比對方高，繼續衝突引發危機自身划不來，牠當下決定：「雞蛋不能與石頭對撞，划不來」，於是一場衝突就被避開了。

衝突並非一無是處

衝突並非一無是處，具破壞性的衝突當然沒有好處，具建

設性的衝突則有助於提醒雙方問題所在，促使大家勇於面對問題，避免問題惡化到無法挽救。

蘋果電腦公司 CEO 史蒂夫・賈伯斯（Steve Jobs）說：

「會製造噪音的團隊，才會磨出美麗的石頭，原本普通平凡的石頭，經過互相摩擦互相砥礪，結果變成美麗光滑的石頭。集合一群才華洋溢的夥伴，讓他們互相衝撞，製造噪音，在過程中，他們會讓對方變得更棒，也讓點子變得更棒。」

賈伯斯認為，不用擔心衝突，衝突是突破問題的動力，讓衝突產生「正→反→合」的正面效果，衝突運用得當，它具有發現問題、整合歧異，尋找新方案、找到解決問題的創新方法。數千年人類文明發展不也正是循著衝突、蛻變循環在運作嗎？有意義的衝突是有價值的。

唐太宗與魏徵是歷史上有名的君臣，唐太宗即位時才二十九歲，改國號為「貞觀」。唐太宗在政治上建立良好的決策與諫諍制度，唐太宗執政不想成為一言堂，願意傾聽丞相與文武大臣們的對立意見，用以檢驗自己決策的偏差。有一次，太宗退朝後盛怒未息，對皇后說：「遲早我要殺了這個鄉巴佬（指魏徵）！」皇后急忙問道：「陛下要殺誰呀！」「魏徵總是當面跟我衝突，不給我留情面！」皇后聽完後，立刻換了禮服出來，向太宗道賀說：「君明則臣直，魏徵忠直，敢於犯顏直諫，正說明你的聖明大度，真是可喜可賀啊！」太宗聽完後，怒氣漸消。想起魏徵的為人處事，內心油然生起無限的敬意。

02

化解衝突有哪些妙法

衝突原因多如過江之鯽

人與人之間的衝突或組織跨部門之間產生衝突的原因不外乎人與事兩者，人的部分是衝突的主要原因，事的衝突來自人的對立，包含：觀念不合、想法不一樣、心態不相同、立場迴異、價值觀不一致、習慣差異、利益衝突……等等。

斯格托馬現象造成人與人之間、跨部門之間的認知不同，雙方各自認為自己的理解代表真理，這是認知上的衝突。

・個性與作風不對盤

「就是看對方不順眼」

「不喜歡對方的說話態度」

「不喜歡對方的行事作風」

「一個安靜，一個聒噪」

「一個保守，一個開放」

「一個感性，一個理性」

「一個強勢，一個溫和」

「一個誠實，一個愛吹牛」

「一個追根究柢，一個大而化之」

‧生活習慣不同

「一個愛乾淨，一個不愛乾淨」

「一個生活規律，一個生活散漫」

「飲食習慣不同」

「睡覺習慣不同」

　　有衝突是正常的，但衝突若不化解，一直放在心中忿忿不平或心有千千結，對生理與心理健康都是極大的傷害。

化解衝突：心靈處方

　　讓衝突延續、惡化絕對不是一件好事，勇於面對，針對性化解衝突是必要的，學會安頓身心，賦予雙方責任共同找出方法解決問題。

個性不對盤的心靈處方

　　衆人說「因爲誤會而結合，因爲了解而分手。」事實上，

夫妻相處哪一個家庭沒有衝突？若說認清對方就選擇分手，不選擇一起改善問題共創幸福，應該是夫妻衝突已經不斷惡性循環到無可挽回的地步。不過，雙方恩斷情絕選擇離異，不要陷入意氣用事，不要為了懲罰對方，避免事後問題繼續惡化。婚姻衝突大多數是因為：自我比較強烈、不願意忍受對方、心中已經沒有愛與責任、不願意寬容、付出。假如能夠轉一個念頭，不要意氣用事，不要認為已經無法忍受，不要認為分手對雙方是最好，婚姻可以避免很多離異後的缺點。

職場同事間，因為個性不對盤而相處不好的個案屢見不鮮。職場與人共事的大原則必須是「對事不對人」，避免看不慣對方的人際風格，要專注在對方的處事能力與專業貢獻。人際風格能改善就改善，不能改善只能尊重，改變對方不容易，改變自己比較容易，當你拔高自己的生命高度時，你將發現你應對外來挑戰的能力提高了，人生境界不一樣了。

生活習慣不同的心靈處方

針對生活習慣問題，一家人應該是可以商量的，生活方式順從意志力比較堅決的一方，另一方應該讓他、成全他，難得成為一家人，閉著眼睛忍一口氣就相安無事了。家庭是講情的場所，不是論理的地方，多忍讓也是讓給自家人，沒有讓給別人。諺語說：不禮爹娘，禮世尊，禮什麼？生活習慣不同可以一項一項協商，這一項我讓你，那一項你讓我，哪一項是不可

讓的部分，大家來一場心平氣和的溝通，讓彼此了解對方的立場與想法。可惜一般家庭溝通都是過度情緒化，只想貫徹自己意志力，變成意氣用事的較量。

家人同乘一條船，可以改變習慣配合對方的就改變，不能配合的部分就互相尊重包容，不需要把問題擴大到無法忍受，無法挽回的地步。有的家人甚至出現歇斯底里的情緒或強迫症，堅持一定要這樣才願意怎樣，這些人需要冷靜理性思考你與家人為何成為家人？為何你愛計較、愛比較，一點都不珍惜？家人不需要競爭，一家人應該榮辱與共、好壞同當。一輩子，把親人當仇人是最不正確的一件事。

想法不一的心靈處方

兩個人想法不一樣是常態，連雙胞胎兄弟姊妹的想法都不可能一樣，想法衝突可以辯證說服或整合，也可以不辯證而採取兼容並蓄的方式共存。這世界連各種宗教都有許多不同派系，可見企求統一思想是一件困難的事，唯有多多溝通、彼此整合、互相包容才是化解想法衝突之道。

價值觀不一樣的心靈處方

想法與價值觀不一樣，價值觀強烈一點即成信仰。多元人生，多元哲學，多元價值觀，有的人重視精神生活，有的人重視物質享受；有的人追求穿著簡樸，有的人追求耀眼名牌；

有的人喜歡酒醉歡唱，有的人喜歡野外爬山；有人喜歡山珍海味，有的人喜歡粗茶淡飯。做人若價值觀不同，彼此尊重便能相安無事，做事若價值觀不同，不要勉強共事，以免時起衝突。

說話不對盤的心靈處方

　　說話太直白、愛批判人、愛指責人、愛管別人閒事，他說他是好心，沒惡意，他是為你好才這樣說，這種說話不對盤的狀況，如何處理？習慣就好。除非對方是故意找碴，你才需要適度回應。至於有些人說話隨便，使人覺得尷尬，必要時，不妨態度溫和立場堅定地提醒他，提醒他不要如此講話，避免起衝突。

- 讓他

　　不與對方一般見識，不一定要把對方當成三季人，可以讓就讓他，迴避他，讓人一步海闊天空，保住幸福，何樂不為？

- 不理他

　　肚大能容天下事，一笑笑開古今愁，弱化衝突，不把它當作一回事，讓對方感覺無趣，衝突即可弱化，讓衝突無法擴大的理由是「一個竹板兒敲不響」。

- 反制他

　　對方若是很強勢，若有需要，嘗試比他更強勢，看他會怎樣，不過為了解決問題，必須讓對方清楚知道「逼虎會傷人的」，繼續強勢對雙方沒有好處。

- 找第三者仲裁

  遇上衝突必須臨危不亂，若實在自力難救，就搬救兵請第三方出面幫助你處理。

- 示弱冷卻

  面對衝突不須慌張，更不必隨著對方的言行起舞。應冷靜思考如何處置才能化解衝突。用「情緒疏導」技巧冷卻對方的情緒，給他面子，給他下台階，用時間換取空間，衝突就有機會降溫。

- 批判他人，無暇愛人

  泰瑞莎修女說：「批判他人，無暇愛人。」

  卡耐基說：「不批評、不指責、不抱怨。」

  「少批判」是避免衝突極為關鍵的因素。

- 心胸夠寬，肩膀能扛

  用智慧化解衝突，用慈悲化解矛盾，當一個人心能做到心胸夠寬，肩膀能扛，大事小事根本沒事。尊重多元，包容差異，珍惜對方，成全彼此。

一激二安三交代

　　人類的行為是可以預測的，先抓心，再處理事情，處理投訴就容易的多了。

　　處理投訴三步驟為「一激二安三交代」：

一激：感謝對方，肯定對方，先讓對方轉換情緒與態度。

二安：安其心、安其身。口頭呼籲對方不要生氣，告訴對方問題一定可以獲得解決，安排對方離開衝突的現場，冷卻不愉快的氛圍。

三交待：提供對方可以接受的解決方案，包括提供心理補償或物質補償。

三階段化解衝突

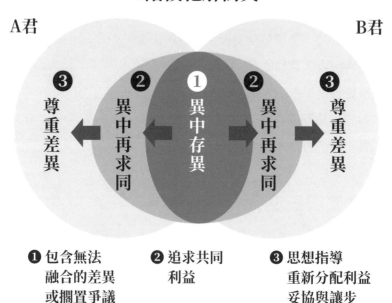

三階段化解衝突

化解衝突是有方法的，依據以下三部曲一階段、一階段處理可以提高解決對立的機會。

・步驟一：「求同存異」

　　呼籲雙方抓大放小，合則同蒙其利，分則同受其害。

・步驟二：「異中再求同」

　　重新定義「異」，設法解釋成「殊途同歸」或「具有長遠的共同利益」，求同存異一定要提供雙方誘因或迫使雙方不得不進一步合作。

・步驟三：「尊重差異」或「擱置差異」

　　無法整合的歧見採取互相尊重或擱置爭議，這些差異對合作已無影響。

　　化解衝突需要時間、需要策略、需要耐性，需要發揮 IQ 與 EQ。每一個步驟都需要用到談判技巧，運用誘因與反誘因兩手策略引導雙方發揮賽局博弈的智慧抉擇。建議運用「納許均衡」選擇符合雙方「最大利益」方案，放棄堅持各自「最佳利益」方案。

六變法

　　處理僵局要爭取主動權，有些人認為「事緩則圓」，有些人採取「以靜制動」，事實上不論你採取哪一個策略，都必須掌握事件發展的主動權。處理僵局六變法有利於你處理僵局的

靈活性與主導性。

一. 變人

一是我方變，二是對方變。有關係用關係，沒有關係找關係，關係用對了，僵局即可破除。俗語也說：不看僧面看佛面。善用有影響力的第三方出面協助解決問題，有利於化解糾紛。

二. 變時間

時間可以改變形勢，例如：客戶白天在忙，下班後再討論，心情可能會變得比較舒緩。

此外，故意拖延時間，看時間拖長對哪一方有利？以及選擇對我方最有利的一個時間點，都屬於變時間的技術運用。

三. 變地點

更換地點有助於降低衝突。例如：第三方的場所、高爾夫球場、宴會場所。

四. 變方法

改變化解衝突的方法，多一點彈性。例如：以退為進、圍魏救趙、鋸箭法。

五. 變情境

從劍拔弩張轉變為友善協商，通常必須配合變人與變地點。事緩則圓，創造有利於化暴戾為祥和的情境或氛圍，衝突自然會降低。

六．變態度

柔弱生之徒，老氏戒剛強。運用「60/40 溝通法則」態度擺出誠懇、友善、有禮即可打開對方的心扉，促進合作、妥協、和解。

03

衝突止於高 IQ 者與高 EQ 者

幸福指數決定衝突與否

　　溝通衝突止於兩者，一為高智商的人（高 IQ 者），一為高情商的人（高 EQ 者）。前面我們談到如何爭取溝通的話語權，事實上話語權分為損益兩種類別。損壞型話語權促使雙方的對話「炎上」加炎，造成破壞性對話、關係惡化，不利於解決問題；增益型話語權促使雙方增加「理解」，產生建設性對話、良好關係，有利於解決問題。換言之，溝通衝突不論是來自認知、語言、立場、氛圍、利害……都與 IQ 與 EQ 有關。高智商的人懂得取捨、決斷、避禍，懂得抓大放小；高情商的人能夠忍讓、願意放下，不在危境中力爭面子。

寒山大師的高 EQ

寒山與拾得

寒山與拾得兩位大師是唐代天台山國清寺隱僧，也是佛教史上著名的兩位詩僧。星雲法師大作《星雲禪話 4》〈處事秘訣〉中記載一段兩位詩僧的對話，道出高情商者的機鋒。

有一天，寒山問拾得：「世人謗我、欺我、辱我、笑我、輕我、賤我、厭我、騙我，如何處治乎？」拾得回答：「只是忍他、讓他、由他、避他、耐他、敬他、不要理他。再過幾年，且看他如何。」

隱忍不發並非無能，而是止諍，降低衝突或避免衝突需要高情商。多數人的情商是與生俱來的性格，少數人的情商靠後天鍛鍊出來。

轉念、禮敬對方、不與對方計較、包容對方、把自己的心安好、不好鬥、不逞口舌之能、不要以為天下只有一個標準、不要以為只有你是對的、不要以為自己站在真理的一方……人際衝突多數來自「我對你錯」的心態，唯有發揮高 IQ 與高 EQ 才能提高處理衝突的能耐。

化解衝突的心靈雞湯：

- 讓他就沒事，你需要肚量。
- 避開他就沒事，你需要智慧。

・壓制他就沒事，你需要籌碼。

・安撫他就沒事，你需要提供利益。

卡內基的人際關係高 EQ

戴爾・卡耐基，美國著名心理學家，人際關係學家，20世紀最偉大的人生導師。他以超人的智慧、嚴謹的思維，在道德、精神和行為準則上指導了萬千讀者。他一生中親筆寫作了《人性的弱點》、《人性的光輝》、《語言突破》、《林肯傳》等。他在《人性的弱點》一書首章提出「與人相處的基本原則」，只要能奉行以下法則的人，處事與處世必將不會與人時起衝突。卡耐基提醒大家溝通時要注意：

・不批評、不指責、不抱怨

・真誠地讚賞他人

・儘量滿足對方的需求

・爭論中沒有贏家

・避免樹立敵人

・以友好的方式開始

・傾聽他人，謙虛待己

・發揮同情的力量

・當你錯了，真誠承認吧

・站在別人的角度看問題

組織溝通衝突怎麼化解

四種典型的溝通者

辦公室或社群人際溝通，有些同事說話很嚴謹，有些同事說話很隨便，有些同事非常理性，思考縝密注意細節，有些同事思考很跳躍，很熱情，愛出點子，重視辦公室氛圍。不同典型的溝通者在會議時經常出現言語衝突的現象。企業必須了解如何掌握不同風格溝通者的優缺點，善用團隊力量幫助每一為員工改善溝通方式促進團隊合作。

組織成員（team player）的溝通行為風格分為四種典型：整合者、貢獻者、協調者、挑戰者。

願景整合者

整合者亦稱價值整合者，溝通時著眼於大原則上，不太喜

歡討論細節。優點方面，整合者重視整體目標，開會時會隨時提醒團隊不要忽略組織的遠景目標。缺點方面，表達意見時，願景統合者容易出現天馬行空的陳述，技術貢獻者是他的天敵，經常抵制願景統合者，認為他們的溝通內容不夠具體而給予批判。

技術貢獻者

技術貢獻者是團隊中以解決問題為導向的最佳人選。優點方面，貢獻者被稱為完美主義者。因為他們特別專注問題的細節，為企業提供精密的技術，確保工作的質量與穩定性，將團隊績效推向更高標準；他們有效率，很可靠，被團隊視為一群可分享資訊的專家。缺點方面，技術貢獻者表達意見時，常常堅持自己的理念與標準，容易與人產生爭辯或衝突。技術貢獻者多數是技術員、工程師。

合作協調者

合作協調者在組織溝通中重視人際關係的和諧性。優點方面，他們很喜歡幫助團隊成員創造歸屬感的氣氛。缺點方面，有些成員會覺得這種人只注重人與人之間的融洽關係，忽略技術的重要性而給予冷落或抵制。其實合作協調型在組織內部發揮人際關係串聯的角色，頗有貢獻，他們的訴求是：「人聚在一起不叫團隊，心在一起才叫團隊」，「要走的快，一個人

走。要走的遠，一群人走。」

尖銳挑戰者

尖銳挑戰者有話直說，不擔心是否會得罪人，他們總是提出「很難回答的問題」，造成錯愕，一時難以回應。不過這種人當整個團隊偏離正軌時，他尖銳的提問往往能把大家拉回現實，提醒大家重視問題。尖銳挑戰者和其他風格成員經常出現衝突，然而他們的忠言逆耳常常挽救團隊，避免團隊決策偏差或者刺激思考讓團隊不致於拒絕一些好的點子。

避免過度突出特殊溝通風格

團隊領導人應了解某種成員的溝通風格，並沒有優於另一種溝通風格，每一種不同員工的溝通風格對於團隊都有正面及負面的影響，每一位成員的溝通風格對整個團隊也都有貢獻。團隊成員則必須注意不可以過度表現自己，因為過度表現自己的溝通風格將破壞團隊的和諧運作。職場需要每一種溝通風格的人才，員工必須互相了解彼此的組織行為風格，如果你能肯定他人的溝通風格，你就能鼓勵成員參與投入，使團隊更能解決問題，順利訂定決策同時提出有創意的做法。因此每一個人都應該適度調整自己的溝通風格，評估團隊需求，以及彼此需求，促進個人發展與團隊發展。

避免犯錯的溝通用語

組織溝通不能口無遮攔，不能過度率性想怎麼說就怎麼說。

一. 避免打從一開始就堅持立場，並且有不惜玉石俱焚的想法。

二. 提案時，對方多半會特別注意提案內容是否有不周全之處。想說服別人，就不能怕對方挑戰，應更積極思考缺點部分是否有改進空間。

三. 協調時應避免三種言語：
- ·冒犯的言語
- ·冷漠的言語
- ·含糊不清的言語

四. 爭執情境下，不要過於得理不饒人
建議做到：理直氣緩。

05

尋找客觀理性的標準

約翰遇到了承造合約糾紛

本個案節錄自大陸出版品《哈佛談判》書中的小案例。

約翰為建造房屋而與承包商簽訂了一份承造合約，價格確定，而且明確要求必須以鋼筋水泥做基礎。但是合約卻沒有明確規定基礎該按多深為標準，承包商認為挖 2 呎盡夠了，而約翰認為此類房子一般需要 5 呎左右。可承包商有他的理由：「當初是你自己同意採用較淺的基礎的，而且我還記得，我也同意在屋頂採用鋼樑。」約翰想了想，說：「可能當時我錯了，2 呎也許夠，但我所要的是穩固的基礎，它足以承受整個房子的重量……」

約翰問：

「政府在這方面訂有標準規範嗎？

在這個地區中的其他房子是採用多深的基礎？

這裡的地震風險如何？

你認為我們應該到何處去尋找解決問題的標準？」

後來承包商願意配合約翰將地基挖深為 5 呎。

上述談判溝通成功，採取了「以客觀根據為公平的標準」，結果製造雙方都滿意的結果。

談判溝通過程「運用客觀標準」的好處是：

1. 將「雙方主觀意志力的較量」（這種談判態度往往造成兩敗俱傷的結果）轉換成「雙方共同解決問題的努力」。

2. 將「對方是否願意做」（WHY）轉換成「問題該如何解決（WHAT）」

3. 將「雙方以各種方法競爭上風」轉換成「彼此具有誠意的溝通」。

在理性的公斷面前，意見衝突雙方都改變了自己的立場，它既不使誰難堪，也不使任何一方顯得軟弱，將雙方導向達成協定的正確道路。

為了更有效地運用客觀標準，有幾個方面似乎是應該注意的：

第一．溝通過程儘量發掘可做為協議基礎的客觀標準。一般說來，這種標準往往不止一種。所以採取彈性溝通、創造性溝通十分重要。

第二．所引用的客觀標準至少在理論上應能使雙方都感到合適，而且必須獨立於雙方的意志力之外，否則也會使人感到不公平。

第三．讓雙方都共同努力來尋求客觀標準。

以上三點也是原則式談判（Principled Negotiation）的準則。

06

化解家庭衝突：
用愛、責任、理解、包容

離婚率越來越高，除了性別自主意識高張之外，相處技巧與溝通技巧是婚姻不愉快或離婚的主要原因。愛一個人很容易，但相處卻很難，爲何婚姻會觸礁，婚姻專家們提供許多避開衝突的建議：

不要讓生活中的芝麻小事釀成嚴重衝突

「老公！整理餐桌，準備吃飯啦！」結婚夫妻倆爭執起來了！

「原來她娘家收拾餐桌的定義，不單只要搬走雜物，還要把桌子擦得一乾淨、擺好食具。但我由小到大，只知收拾餐桌，就是搬走桌上的雜物就好，沒有考慮桌面還要經過消毒。」

別想處處教育對方

　　不要想當三娘教子的角色，用協商合作的態度比較容易取得對方願意配合。

不能扮演大男人

　　先生在婚姻之中必須落實性平法，不論是權利或義務方面都不能扮演大男人。

別想處處壓制對方

　　夫妻兩人或雙方家庭都不宜處處想壓制對方，更不宜出現單方面的優越感。

別想事事都要聽妳的

　　彼此可以要求對方配合單方面的想法，但不是事事都要聽妳的。

別在對方面前老說別人好

　　避免經常談論別人的好，不要老是長他人志氣，滅自己威風。

別強迫對方改變

　　很多人結婚後不自覺要改變對方的習慣，小至擠牙膏、放鞋子、放襪子等，忽視尊重對方原有的習慣。

並非所有事都要追根究柢

尊重並保留對方一點隱私的空間，許多事情抓大原則即可。

愛一個人應該是最終可為對方犧牲

缺乏愛與責任就無法包容，不願意為對方犧牲，應該找回婚姻的愛與責任。

定期清理灰塵

夫妻約定一個月一次定期在餐廳共進晚餐，態度溫和而理性地提出問題，討論衝突問題，找出對策。

學習與自己不一樣的人相處一生

愛她可以有一千個理由，不愛她只需要一個藉口。學習與自己不一樣的人相處一生是一門功課。

學習與對方相互截長補短

沒有一個人是完美的，學習與對方相互截長補短，互助合作，讓家庭像一個共好團隊。

學習尊重、理解、諒解、包容、隱忍、融合

尊重的態度最重要，有了尊重，後面才會出現理解、諒解、包容。隱忍對現代方妻是很難做到的一件事，大都是忍不

住就發脾氣，隱忍是一大難關，需要不斷學習，能隱忍才會有融合。

允許對方有生活中獨自的空間

夫妻能同進同出當然最好，但若志趣不同，一位愛爬山，一位不愛爬山，雙方必須允許對方有生活中獨自的空間。

允許對方有自己的主張

諸子百家論述不同，夫妻不需要強迫對方的想法跟你一模一樣，先生認為生活要節儉，不要過度奢華，若妻子認為進出社交場合穿著需要體面，先生不妨尊重並支持妻子的想法。

願意為多方忍讓與付出

聖嚴法師曾經舉例：一對恩愛夫妻，結婚多年之後還是離婚了。辦理離婚手續時，夫妻兩人都很難過，連他們自己都想不通，明明夫妻感情很好，最後怎麼會走到這種地步呢？原來這位太太弱不禁風，哪怕是夏天都怕吹冷氣，怕吹一點風。偏偏她的先生最怕熱，沒有冷氣睡不著。所以這對夫妻雖然恩愛卻無法相處，最後只好分道揚鑣。聖嚴法師說：以佛的眼光來看，世間所見的許多價值標準，都是人的執著妄想。

喜好本來沒有絕對的標準。有標準都是自己訂出來的，未必放諸四海皆準。人假如不能覺察自己的偏執，就會被自己的偏執所矇蔽，合乎自己的標準就起貪愛心，不合標準就起厭

惡心，這個分別心就是煩惱的根源。我們若能時時反省自己的偏執，建立多元價值觀，在待人處事上，多多包容別人，溝通就會比較圓融了。法鼓山退居方丈果東法師在《安心祝福語》中說：「凡事正面解讀，不以負面情緒反應處理，自然少煩少惱。」

Chapter 10

尊重病患的
醫療溝通

尊重生存權與選擇權

　　生老病死是每個人都必須經歷的生命循環，病與老對生命的威脅最大。人生快樂多，痛苦深！如何在生病時能有尊嚴，能獲得貼心、被尊重的照護，醫病溝通品質是非常重要的一環。台灣的健保制度與醫療技術早已揚名國際，但大家都忽略台灣醫界在醫病溝通這一方面做的也非常好！

　　「想病患與家屬之所想。急病患與家屬之所急。」是我應台大醫院教學部邀請製作 90 分鐘「提升醫院服務品質」的教學錄影帶。其中，有關醫病溝通品質的著墨很多。此外，台北市立聯合醫院在各大院區的急診區、住院區皆有醫病溝通宣導海報高懸在走廊牆上，其中一張海報標示醫療團隊服務的三大核心目標：

一 . 推動病患與家屬的滿意服務

二 . 確保病患與家屬知的權利與資訊使用權

三 . 提供創意整合服務

02

視病猶親、視病猶己

　　以台北市立聯合醫院仁愛院區為例，院方在急診室與住院區各樓層懸掛「醫、護、病」宣傳大海報，掛圖的內容如下：

‧標題：你應該知道有效溝通有多重要！

‧內文：關懷病人是醫護照護團隊的責任，醫護團隊將病患與家屬當做親友！

　　當您需要協助時，請提出問題讓我們進行深層溝通。

1. 在住院期間，對醫療診斷，預後之照護計畫有疑問時。

2. 在住院期間您對醫療處置過程您與您的家屬之間期望有不一致時。

3. 在住院期間您需要醫護團隊提供疾病末期或重症病人病情告知、身、心、靈層面的討論時。

4. 在住院期間您需要醫療團隊告知其他層面服務時。

　　歡迎您主動提出，讓醫護團隊與您及您的親友共同創造一個讓病人少痛苦、家屬親友安心的醫療環境。

　　台北市立仁愛醫院推動感動服務多年，強調「視病猶親、視病猶己」的醫療服務理念，包含醫事、護理、檢驗、行政、病房管理等各部門都能一致做到良好顧客關係與顧客滿意服務，贏得病患與病屬的信賴。

03

醫病 **60/40** 溝通法則

————————

　　另外一張海報掛圖，標題寫著：「病人安全，大家做伙來！雙向溝通好簡單，醫病關係不卡關。」標題下提出醫病溝通法則：

1. 說清楚：主動提供自己的健康資訊，及說明自己不舒服的狀況。

2. 聽明白：了解治療方式，積極參與醫療過程。

3. 勤發問：對於醫護人員解說有不明白的地方，會主動發問。

4. 做筆記：詳細紀錄醫師的指示和該注意的事項。

　　台灣醫療體系重視醫生與病患的溝通品質與和諧關係，乃病人與家屬的最大幸福。

貼心的「就醫三問」

第一問：我有哪些選擇？

第二問：這些選擇的優點跟風險是什麼？

第三問：我如何得到幫助，做出最合適的選擇？

　　台北市立聯合醫院推動主動服務與貼心溝通的政策令人感覺幸福滿滿。

Chapter 11

與新世代溝通

——尊重、理解、陪伴、支持、融合

01

你是直昇機父母嗎？

———————

　　直昇機父母或許只是過度關心孩子，對孩子的成長放心不下，一路像直升機盤旋在孩子的身邊。溝通時對老師也好，對孩子也好，時時參與事事關心，比較愛嘮叨，要求講清楚細節，反覆要求人家確認，想要貫徹自己的意志，耐心追蹤管教問題，這樣盡責的父母其實是愛子心切、護女心急，充滿愛心的父母，但溝通態度與對話方式容易造成孩子與周遭人產生極大的壓力。

　　直升機父母（helicopter parent）的明確定義是過度介入兒女生活，保護或是干預其生活的父母，他們一直在兒女身邊盤旋，故被稱為直升機父母。日本把類似的父母稱為「怪獸家長」（monster parent）。這一類父母以自我為中心堅持把自己的期望加諸在孩子與老師的身上，有些學校的老師會認為他們是不講理、堅持己見的監護人。

1969 年海姆・吉納特暢銷著作《父母和青少年》（Between Parent & Teenager）書中描述一位青少年，他抱怨說：「媽媽像直升機一樣在我身邊盤旋。」（Mother hovers over me like a helicopter），以後稱呼這一類過度呵護小孩子的父母親就以翁翁翁盤旋在孩子四周的直升機形容他們，這個名詞屬於中性名詞，並非負面的詞彙。

美國 Y 世代（1981 ～ 2000 年出生的一代）開始進入大學求學，有一些父母每天上午必須打電話叫醒住在校舍的孩子起床上學，並且緊盯他們的教授，了解教授的教學狀況，甚至會向教授提出一些抱怨，說他們的兒女在教授教導下，成績表現平平。甚至有些兒女已經準備升學研究所，直升機父母仍然會繼續干預，遊說兒女們去讀理工學院或文、法、商、醫學院。

美國世代人口統計學家尼爾・豪認為直升機父母是戰後嬰兒潮父母養育 Y 世代兒女的方式。尼爾認為直升機父母的教育方式和 X 世代不同，尼爾將後者稱為「隱形戰鬥機父母」，對兒女的生活小問題不會干預，但對重大問題會以積極嚴厲的態度參與決策。尼爾認為直升機父母：「有時很有用，有時很煩人，不過都會圍繞在兒女的生活周圍，而且會發出噪音。」尼爾認為父母與 Y 世代兒女的關係相當親近算是一件好事，但直升機父母試圖「幫兒女把路鋪平，確保兒女在通往成功的道路上」。這種現象被「自由放養型父母」提倡者 Lenore Skenazy 認為：「直升機父母是根深蒂固的偏執狂」。

有人將《虎媽戰歌》中提到的華人教養方式和西方的直升機父母比較。Nancy Gibbs 在時代雜誌中認為這二種都是「極端的教養方式」，並且列出了二者的不同點。Gibbs 認為「虎媽」是著重在特定領域，如音樂或數學上的成功，而直升機父母是「懼怕失敗，因此不惜一切代價的避免失敗」。另一個不同點是「虎媽」強調努力，對兒女的教養態度偏向極端、權威和獨裁，與孩子的溝通方式是強制的，而直升機父母是「妥善安置他們的孩子，渴望和他們建立友誼」。不過 Clare Ashton-James 醫生在一個跨國的父母研究中指出：「直升機父母」比較幸福，因為他們可以貫徹意志，形塑孩子的未來。「割草機父母」則是不用等待孩子出現困難或挫折時才給予協助，而是一直就在孩子的前面，隨時為他們清除生活中的一切障礙，積極為孩子準備通往成功的大道。

　　過度幫孩子做好一切安排，弱化的將是孩子的獨立思考與自主決斷能力。德國的孩子自小就被天天訓練發表對問題的看法，所以獨立思考與論述能力都很強。獨立思考強的孩子勇於發表自己的觀點，能在溝通中完整陳述自己的想法，展現邏輯性與組織力。被過度呵護的孩子，溝通時容易缺乏主見，比較不會堅持自己的意見到底。

02

新世代的孩子不是叛逆

有可能是心理問題

　　沒有規矩不成方圓，但不要讓孩子活在父母嚴格要求的框框裡，上一代不宜用自己的標準批判下一代。記得早年北一女的女同學被校方規定頭髮只能留清湯掛麵型，頭髮長度不能蓋住耳朵，女生的裙子一定要蓋住膝蓋，這樣才能維持端莊、讀書人的形象，只要有人思想新潮，頭髮有造型，裙子過短，會被歸類為行為不當、叛逆，必須接受訓導處的處分。當今這些框框標準呢？上一代人應該好好設身處地了解新世代的孩子，新世代的孩子不是叛逆，他們是生長的環境不一樣。新世代孩子處於威權鬆綁、科技進步、民智大開的新環境，教育方法以小組討論為主、要求腦力激盪、要求創新突破，他們被訓練成能夠獨立思考，有自己主張的人，溝通方式與人際互動過程，

他的服從性自然被降低。

　　有些父母或職場主管覺得與新世代溝通是一件極為困難的事，他們不聽你講，理由一大堆，於是父母與主管將代溝現象簡化為「新世代孩子的叛逆」。事實上，將溝通不良的原因推卸給「代溝」或「叛逆」似乎解決不了跨世代溝通的問題，上一代應該思索問題的肇因，調整自己適應新世代才是正確的態度，試想每一世代與上一個世代的想法是否都存在著矛盾、衝突？自古以來世代溝通有鴻溝是常態，絕非現在才出現的特殊現象。

　　《簡單心理》是一本專業心理學的書籍，它有系統地探索新世代孩子的叛逆現象與問題根源。書中教導父母「如何判斷孩子是叛逆，還是有心理問題」，同時指出「你的孩子不是叛逆而是有『焦慮障礙』」。作者指出青春期的叛逆是正常的發展表現，但是叛逆並不能解釋一切，區分孩子「正常發展中的叛逆」與「心理問題」對家長而言非常重要。對於正常發展的叛逆，家長需要包容，允許孩子在適當的叛逆行為中發展出自主性，溝通中出現與父母對立的主張，正是青少年學習表達自主想法的象徵，父母應該對此表示高興才對；因為你的孩子成熟了，能開始獨立思考，自主辨別事理。若屬於孩子的心理問題，家長需要及時觀察與深層了解孩子，避免心理問題延續發展而變得日趨嚴重，父母要能適時做出精準判斷並採取積極行動幫助孩子。

03

無法離開科技的 C 世代

　　無法離開科技的 C 世代崛起了！2020 年 Generation C 也可以說是「COVID 世代」，因為這個名詞相當新，目前尚未有統一的定義，基本上可以指在 2020 年出生的小孩，或是在疫情期間成長、就學的兒童。

　　根據美國銀行報告，C 世代與 Z 世代同樣都是擁抱科技的一代，但 C 世代將是更無法離開科技的世代，他們從 3 歲開始就學會使用 iPad 操作選擇卡通影片。因為少子化潮流的關係，C 世代成為獨子或獨生女的機會大增，未來與同儕溝通，與主管溝通可能需要更多的團隊合作與溝通的教育訓練。

不要用威權管理新世代

靠威權領導的時代過去了！企業留住新世代人才的關鍵在溝通態度與管理方式。

現在的年輕人比較重視自由、強調自我發揮，對於公司的規範能配合會配合，有意見時會直白地提出，這是新世代員工的基因，他們不喜歡威權式管理，因為他們不是機器人。

這些被稱為「數位原生世代」員工，使用 3C 數位工具比運用傳統紙筆更為熟練，凡事遇到疑問就上網搜尋答案，智慧型手機與 ChatGDP 的誕生使他們更加如虎添翼，新資訊時代的工作環境讓他們取得資訊快速又簡便，不需要靠自己模索歷練。但新世代員工不一定有能力判斷資訊的正確性與完整性，他們只是創意十足，同時抗拒威權的教育與管理方式。新世代員工的行為包括：

．喜歡用 Line 發信，不喜歡與人直接對話。

．處理事情回應很快，但未必會用心求好。

．以自我爲中心思考問題，不在乎別人的眼光。

．喜歡充滿變化的新事物，不喜歡舊事物與老套規矩。

．讓他們參與、讓他們認同才能激發他們對工作的熱情。

　　針對新世代員工，擺脫威權式管理，教條式溝通，建議採用創新管理模式：

1. 包容新世代員工對公司既有制度的質疑或挑戰。

2. 鼓勵新世代勇敢提出對公司改善營運提升績效的建議與看法。

3. 建立儲備幹部機制，培養新世代員工，讓他們看到未來。

05

新世代溝通的新名詞

退休多年的張總經理被孫女批評太落伍了，患了現代語言表達障礙綜合症。孫女給張總經理出了三道題，讓他試著回答。

第一道題：現在「開會」怎麼講？

張總回答：開會就叫開會啊！

孫女說：錯！現在叫論壇。

第二道題：現在「瘦弱」怎麼講？

張總回答：瘦弱就是體型瘦小。

孫女說：錯！現在叫骨感。

第三道題：現在「包工頭」怎麼講？

張總回答：包工頭就是承包工程的商人。

孫女說：錯！應該叫項目經理。

大陸新世代溝通用語與傳統用語迥然不同，不學學年輕人的世說新語，你將無法跟他們進行無縫溝通。

　　從前叫單位，現在叫機構。

　　從前叫集體，現在叫團隊。

　　從前叫領導，現在叫老闆。

　　從前叫秘書，現在叫小秘。

　　從前叫半老徐娘，現在叫資深美女。

　　從前叫減肥，現在叫塑身。

　　從前叫餐敘，現在叫飯局。

　　從前叫九牛二虎之力，現在叫洪荒之力。

　　從前叫平民百姓，現在叫吃瓜群眾。

　　從前說很漂亮，現在說顏值高。

　　跟新世代溝通，使用他們的語言（speak the same language），你學會了嗎？

06

與 X、Y、Z 世代要這樣溝通

　　隔代如隔山，與新世代溝通要避免批判與看不慣，了解
X 世代、Y 世代、Z 世代、C 世代的特徵及話題喜好，你才能
與他們好好融洽溝通友善相處。

與 X 世代溝通

　　X 世代是 1960 年代中到 1970 年代末出生的人們。根據維
基百科描述，X 世代的人們比較放鬆，因爲生活、社會、職場
的壓力沒有那麼大，他們比較懂得從工作和生活中找到平衡，
而非像大多數戰後嬰兒潮世代一樣瘋狂地工作。與 X 世代溝
通的節奏不要太快，平鋪直敍地交流最爲適當，人際交往則需
要維持傳統的倫理關係。

　　溝通時，你必須知道 X 世代喜好哪些話題，通常他們喜

歡分享健康、政治時事（男性話題）、促銷新潮資訊（女性話題）、子女的學業、從前有過哪些豐功偉績、追劇劇情（女性話題）、烹飪、購物（女性話題）等。

人際交流時要注意：與 X 世代溝通時要注意語態要客氣、應對要有禮，多給他面子。X 世代閒聊時，不要拆對方的台，反正那些溝通內容都是無關緊要的事情，維繫關係比溝通內容更重要。

與 Y 世代溝通

Y 世代是 1980 年代初期到 1990 年代末出生的人類，這個世代相當熟悉網路、手機、社群網站等科技產品。Y 世代用 Google 學習新知、在 Facebook 與 Twitter 建立社交網絡、上 YouTube 觀賞影片看 Live 轉播、看 TikTok 追蹤時興話題、上購物網站比價消費，用 Line、WeChat 溝通，用 Google Meet 開會，他們的新價值觀，新生活方式，新溝通工具，全部進入 AI 時代、網路交流時代，溝通路徑邁向數位化、虛擬化。

在孕育 Y 世代的過程中，父母和學校從小便培養他們自主、獨立思考的能力，與 Y 世代的人溝通，最好是透過發問去引導他們表達自己的看法，例如：

「是什麼樣的想法，讓你決定這麼做呢？」

「有別的方法或點子可以簡化流程，提升效率嗎？」

開放式提問讓 Y 世代感覺被重視而不是被控制，引導他們從多角度思考問題，多考慮事情的前因後果。面對 Y 世代，父母必須尊重他們的價值觀、溝通方式，主管必須多發問，多溝通，他們最不需要的是「說教」、「強迫規定」。

通過共同的熱門話題與分享與 Y 世代打成一片是最好的相處之道。

與 Y 世代溝通，最好是用有溫度的感性溝通，而不是盤問式的溝通。例如：想要問他們的住處時，不要單刀直入地問「你住在哪一區？」這是盤問式溝通，建議問「你住在哪一區？那一區不錯吧！交通方便嗎？」這種感性式溝通能幫助你走入 Y 世代的圈子。

與 Z 世代溝通

Z 世代是 1990 年代末期到 2010 年代初期的出生的人們。根據維基百科的描述，這個世代的人們更熟悉科技產品，他們比其他世代在同年紀時更加自律，也更在意學業表現和就業前途，這種更高的自我要求為 Z 世代帶來更多的心理壓力，因此 Z 世代的人們有容易有心理健康的問題。Z 世代在科技、網路、社群網站發達的時代成長，有時候會讓某些人他們抱有成見，認為他們沉迷於科技，不過更準確來說，他們是擅長使用科技產品的一代。Z 世代工作以任務為導向，工作時間與場所

有時候不固定。Z世代的溝通方式具有即時訊息，迅速反應的特性，與年長世代不同，雙方若不能取得默契與理解，容易在溝通中出現斷層或爭執。

Chapter 12

溝通心靈雞湯

溝通非常不容易，如眾所周知，當角色不同、立場不同、想法不同、認知不同、感受不同、利益不同……都很容易引起彼此誤解、對立。本篇選擇網路有趣的溝通對話與大家分享。

60/40 溝通法則—智慧包

- 親近與信任是溝通的基石
- 溝通從尊重彼此展開
- 溝通必須擁有同理心
- 積極傾聽是溝通的第一步
- 正向表達比負面陳述更有說服力
- 溝通最大的阻障：堅持貫徹單方面的自我意志
- 避免衝突的最佳觀念與心態：正→反→合
- 三階段化解衝突：求同存異→異中再求同→尊重差異

夫妻冷戰

　　一對老夫妻吵嘴後，幾天沒說話。這一天，老先生見老太太仍在嘔氣，便採取了行動。他在所有的抽屜、衣櫃裡亂翻，弄得衣物、東西到處都是。老太太實在忍不住了，問道：「你到底找什麼呀？」謝天謝地！老先生說，「終於找到你的聲音了。」

婚前與婚後有何區別

　　近日和剛結婚的哥兒們聊天，我就問：「哥兒們，結婚

後跟結婚前有什麼區別？」他狠狠的抽了一口氣，悠悠的說到：「結婚前，晚上很晚回家發現家裡的燈還亮著，瞬間心裡一暖。結婚後晚上很晚回家發現家裡的燈還亮著，頓時兩腿一軟。」

人狂必有禍

不管你有多強勢，多霸道，都請好好說話。別人處處讓你，那不是人家怕你，那是人家比你有素質。不要以為別人懦弱無能，好欺負，別人只是不願意和你斤斤計較罷了。記住：天狂必有雨，人狂必有禍。做人與做事，千萬別太過。

尤其說話要留口德，話不是說完就算了。

別太著急啊！

上個月跟老丈人去釣魚，浮標下沉，一拉是條大魚，我用力往上拉，結果沒站穩，把年過六旬的老丈人撞進了河裡。老丈人上岸後也沒說什麼，就說水有點涼！前幾天我又去找老丈人：「爸，釣魚去嗎？」老丈人：「我就一個女兒，財產早晚都是你們的，你別太急。」

人生兩條路

勸人怎麼勸？你可以跟任性的人說：「人有兩條路要走，一條是必須走的，一條是想走的，你必須把必須走的路走漂亮，才可以走想走的路。」

關心與關說

同樣是在溝通，「關心」出自好意，「關說」來自利誘與脅迫，念頭差異而已；前者爲對方著想，後者爲自己謀利。

十分傳神的妙溝通

馬雲說：水不動就是死水，人不動就是廢物。

1. 關係靠走動
2. 團隊靠活動
3. 客戶靠感動
4. 資金靠流動
5. 生命靠運動
6. 成功靠行動

比爾·蓋茲說：人生四不要。

1. 不要把煩惱帶到床上，因爲那是一個睡覺的地方。
2. 不要把怨恨帶到明天，因爲那是一個美好的日子。
3. 不要把憂鬱傳染給別人，因爲那是不道德的行爲。
4. 不要把不良的情緒掛在臉上，因爲那是一種令人討厭的表情。

· 修心與口德

心口合一，先修心，說話才能有口德。

- 假話與謊話

  假話與謊話都背離眞實，但假話背後可能出自善意，謊話背後絕對是欺騙。

- 不出聲音的人，不是沒脾氣

  張忠謀董事長的人生格言：不出聲音的人，不是沒脾氣，而是不想和你一般見識。花時間去討厭自己討厭的人，你就少了時間去體驗讓你爽的事。恨、煩、焦慮、難過都是別人帶來的，可時間是你的，所以節約自己的時間比一切都重要。

- 不必急著找尋答案

  一位旅行者在一條雨後的溪水旁看到了一位婆婆正在爲如何渡水而發愁。他好心地問婆婆：「要我背您過河嗎？」婆婆很訝異地看著他，但一句話也沒說，只點點頭表示同意。旅行者用盡渾身的氣力，終於背著婆婆渡過了溪水，結果過溪之後，婆婆居然連一個「謝」字也沒說，就匆匆走了。累得要死的旅人有些懊悔，他覺得人與人之間出手相助雖然不一定要求回報，但也該有些感動的小火花啊，而他連個「謝」字也沒有得到。那知道幾小時後，就在他在山區寸步難行還被螞蟻咬得快變成豬頭時，一個年輕人追上了他。「謝謝你幫了我的祖母，祖母要我帶些東西來，說你用得著。」年輕人說完，便從袋子裡拿出了乾糧和藥物，連同帶來的驢子也送給了他。正當旅行者千恩萬謝的時候，年輕人補充著說：「還有，我祖母是啞巴，她要我替她謝謝您！」不必急著向

上帝要所有的答案，有時候你要拿出耐心等。

· **態度決定命運**

有位太太請了一位油漆匠到家裡粉刷牆壁，油漆匠走進門，看到她的丈夫雙目失明，頓時流露出憐憫的目光。可是男主人卻非常開朗樂觀，所以油漆匠在這家工作的幾天裡，他們談得十分投緣，油漆匠也從來沒有提及男主人的生理缺憾。油漆匠粉刷完牆壁，取出賬單遞給那位太太，那位太太接過來一看，發現比談妥的價錢打了一個很大的折扣。她不解地問油漆匠：「你為什麼少算了這麼多？」油漆匠回答：「跟你先生在一起覺得很快樂，他使我覺得自己的境況還不算最壞，所以減去一部分，算是我對他的一點謝意，因為他讓我把工作看得不會太苦。」

油漆匠對她丈夫的推崇，使這位太太流下了眼淚，因為，這位慷慨的油漆匠只有一隻手！人生已經注定的事情可能無法改變，但人生觀及態度可以改變心境與命，態度決定命運！知足的人看到的都是窮苦人家的苦，不知足的人看到都是富貴人家的樂。最大的幸福不是得到多少，而是感恩已經擁有的。最好的財富不是金錢，而是健康。最多的自由不是擁有，而是放下。

· **勸人的話**

勸人的話不能傷人，傷人的話勸不了人。不要說「你不該如何如何」，要改成「我建議你如何如何會更好。」

· 不要讓脾氣跟自己過不去

把脾氣帶進工作，是跟自己的飯碗過不去。把個性帶進人際關係，是斷送自己的前途。把情緒帶進家庭，是毀掉自己的幸福。當脾氣上來時，轉身深呼吸，因為這時候開口必會傷人。

說話的忌諱

與男人溝通要注意他的面子；與女人溝通要注意她的情緒；與小孩溝通要包容他的無知；與少年溝通要包容他的衝動；與青年溝通要維護他的自尊；與老人溝通要維護他的尊嚴；與主管溝通要尊重他的權威。

· 家是講情的地方，不是論理的場所

老婆：我負責買菜、煮飯、做菜，你應該負責洗碗、拖地板、倒垃圾。

老公：我負責指導孩子的功課，家事統統歸妳做好嗎？

老婆：這樣不公平，我覺得自己像外勞。

老公：好吧！既然妳有那種感覺，我就幫忙洗碗、拖地板、倒垃圾。

· 不讓芝麻小事釀成大衝突

老婆：老公過年過節你都不喜歡跟我一起回娘家，是否你嫌

棄我的娘家!

老公:怎麼會?我只是比較木訥,不會找話題跟妳家人溝通,我有壓力。

老婆:那我也有同樣的理由可以不去探望你的父母了,我也有壓力。

老公:我明白妳的感受了,那妳要跟家人說,我沒有說話不代表我不高興。

老婆:好!我會幫你跟家人說。

· 了解對方的標準

老婆:收拾餐桌啦,準備吃飯啦!老公你怎麼都不配合?

老公:我已經收拾好啦!

老婆:溝通有夠難!你這哪有收拾好了?

老公:我這樣不是收拾好餐了?講清楚妳的標準嘛!

老婆:我們娘家收拾餐桌的定義,不單單只要搬走桌子上的雜物,還要把桌子擦得一乾二淨,擺好大大小小要用的餐具。老公你只收拾餐桌上的雜物,不及格啦!

· 避免出現強迫症

老公:妳擠牙膏一定要擠前面的部分嗎?不能從尾端開始擠嗎?掛毛巾不能讓毛巾兩邊對齊嗎?

老婆:牙膏從後面擠,我覺得很費力。掛毛巾又不是像你們男生在軍中服役,有需要規定的那麼嚴格嗎?這樣生活不是很痛苦嗎?

老公：這是生活品質的問題，習慣的問題，我希望妳能養成好習慣。

老婆：這些不是很重要，你幫我順手處理不就好了？

· 給對方留有餘地

高鐵為了防止大人乘客購買兒童票，除了列車長在行駛途中核對乘客身份要求補票之外，在各個車站燈箱刊登大幅廣告「用對的身份購票，做個成熟的大人」、「成人請買全票，把權益讓給需要的人」，提升對方的道德高度比把對方當成小偷要來得有效。

· 沒生氣時媽媽好漂亮

小孩說真話，他對母親說：「媽媽妳今天好漂亮。」母親問他：「為什麼？」小孩純真地回答說：「因為媽媽今天都沒有生氣。」

· 換新才能照亮

一家商店經常燈火通明，有人問：「你們店裡用什麼牌子燈管？那麼耐用。」店家回答說：「我們的燈管也是常壞，只是我們壞了就換新而已。」溝通遇到障礙時，不要老是使用自己慣性的應對習慣，經常換新精進（Sharpen your saw）才能讓溝通技巧更加精進。

· 有趣的溝通忍功

一則有趣的溝通忍功，試試看，也許有效：

1. 如對某人說的話不爽，數到 5 再開口。

2. 如對方比你資淺，數到 10 再開口。

3. 如對方與你同輩，數到 15 再開口。

4. 如對方比你資深，數到 20 再開口。

5. 如對方是你老婆，一直數，不要開口。

6. 如對方是你老公，繼續嘮叨，不必數。

· 聽不懂對方罵你是放下

聰明人聽得懂對方在罵你，那是「提起」；有智慧的人聽不懂對方在罵你，那是「放下」，心中無包袱。

BIG 428

60/40 溝通法則
全方位口才高手的聽說與對話技巧

作　　者—王時成
圖表資料提供—王時成
主　　編—謝翠鈺
企　　劃—陳玟利
封面設計—林采薇、楊珮琪
美術編輯—江麗姿

董 事 長—趙政岷
出 版 者—時報文化出版企業股份有限公司
　　　　　一〇八〇一九台北市和平西路三段二四〇號七樓
　　　　　發行專線—（〇二）二三〇六—六八四二
　　　　　讀者服務專線—〇八〇〇—二三一—七〇五
　　　　　　　　　　　（〇二）二三〇四—七一〇三
　　　　　讀者服務傳真—（〇二）二三〇四—六八五八
　　　　　郵撥—一九三四四七二四時報文化出版公司
　　　　　信箱—一〇八九九台北華江橋郵局第九九信箱
時報悅讀網— http：//www.readingtimes.com.tw
法律顧問—理律法律事務所 陳長文律師、李念祖律師
印刷—勁達印刷有限公司
一版一刷—二〇二三年十一月十七日
定價—新台幣四五〇元
（缺頁或破損的書，請寄回更換）

時報文化出版公司成立於一九七五年，
並於一九九九年股票上櫃公開發行，於二〇〇八年脫離中時集團非屬旺中，
以「尊重智慧與創意的文化事業」為信念。

60/40 溝通法則 ： 全方位口才高手的聽說與
對話技巧 / 王時成作 .-- 一版 .-- 臺北市：
時報文化出版企業股份有限公司 , 2023.11
面；　公分 .--（Big ; 428）

ISBN 978-626-374-545-2（平裝）

1.CST：溝通 2.CST：說話藝術

177.1　　　　　　　　　　　112018065

ISBN 978-626-374-545-2
Printed in Taiwan